일과 가정을 모두 지키며

행복한 노후를
맞이하는
7가지 지혜

일과 가정을 모두 지키며
행복한 노후를 맞이하는 7가지 지혜

발행일	2016년 3월 22일		
지은이	행복한 50+		
펴낸이	손 형 국		
펴낸곳	(주)북랩		
편집인	선일영	편집	김향인, 서대종, 권유선, 김예지
디자인	이현수, 신혜림, 윤미리내, 임혜수	제작	박기성, 황동현, 구성우
마케팅	김회란, 박진관, 김아름		
출판등록	2004. 12. 1(제2012-000051호)		
주소	서울시 금천구 가산디지털 1로 168, 우림라이온스밸리 B동 B113, 114호		
홈페이지	www.book.co.kr		
전화번호	(02)2026-5777	팩스	(02)2026-5747
ISBN	979-11-5585-974-2 03330(종이책)		979-11-5585-975-9 05330(전자책)

이 도서의 국립중앙도서관 출판예정도서목록(CIP)은 서지정보유통지원시스템 홈페이지(http://seoji.nl.go.kr)와
국가자료공동목록시스템(http://www.nl.go.kr/kolisnet)에서 이용하실 수 있습니다.
(CIP제어번호 : CIP2016006970)

성공한 사람들은 예외없이 기개가 남다르다고 합니다.
어려움에도 꺾이지 않았던 당신의 의기를 책에 담아보지 않으시렵니까?
책으로 펴내고 싶은 원고를 메일(book@book.co.kr)로 보내주세요.
성공출판의 파트너 북랩이 함께하겠습니다.

일과 가정을 모두 지키며

행복한 노후를 맞이하는 7가지 지혜

노후가 두렵지 않은 13인이
노후 준비하는 방법

행복한 50+ 지음

북랩 book Lab

남은 삶, 어떻게 살까?
13인의 생생한 이야기

어느 날, 삶이 우리에게 주어졌다. 우리는 우리도 모르는 사이에 태어났고, 공부하라고 해서 했으며, 직장을 다녀야 해서 다녔고, 또 결혼해야 해서 했으며, 자식 낳고 키우면서 숨 가쁘게 지금껏 달려왔다. 우리가 주체적으로 산 것인지, 아니면 그냥 살아진 것인지조차 생각해볼 겨를도 없었다. 그러다가 갑자기 오늘을 맞이했다. 아무런 준비도 하지 못했는데, 세상은 무서운 속도로 변하고 있다.

시대가 달라졌다. 인간의 삶이 길어지면서 인생은 2막을 넘어 3막, 4막의 시간까지 살아야 할지도 모른다. '호모 헌드레드'라는 말이 유행한지 얼마 되지 않았는데, 지금은 120세 수명을 말하고 있다. 우리는 그때까지 어떤 모습으로 살아갈까? 늘어난 수명은 축복일까 재앙일까?

행복하게 살고 싶나. 건강하게 살고 싶다. 아무리 부인해봐도 인간은 모두 행복과 안녕을 추구하는 존재이다. 행복하고 건강하게 그러면서도 오래 사는 것은 우리 모두의 소망이다.

한 사람의 인생은 크게 '사람과 일'로 구성된다. 다시 말해 나와 타인 그리고 일, 이것이 적절한 균형을 이룰 때, 우리 삶은 행복하다. 우리는 사람들과 관계를 잘 맺어 왔는가? 다시 말해, 나에 대해 잘 아는가? 배우자, 자식, 부모 그리고 주변 사람들과 잘 지내고 있는가? 지금 일을 하고 있는가? 지금 하는 일은 나를 흥이 나게 만들어 주는가? 뭔가 할 일이 주어지지 않는다면 어떻게 할 것인가?

이 책에 동참한 13인 모두 균형 있는 삶, 행복한 삶 속에서 노후를 맞이하고 싶다. 이 책을 쓰기 위해 준비하면서, 또 책을 써 나가면서 우리는 앞으로의 삶을 어떻게 만들어 가야 할 것인가에 대해 분야별로 구체적이고도 심도 깊게 고민했다. 그리고 이 시대에 같은 고민을 가지고 살아가고 있는 여러분에게 우리의 생각과 실천 방법을 소박하게 전달하고자 한다.

인간다운 삶을 위한 기본 요소이기도 하고, 앞으로 삶을 잘 살기 위해 준비해야만 하는 것들, 즉 건강, 돈과 생활, 사람과의 관계, 노인의 성, 여가, 다시 일하기, 잘 살다가 잘 죽는 것 등에 대해 남들은 어떻게 생각하고 있는지, 어떻게 준비하면서 살아가고 있는지 여러분은 이 책에서 살펴볼 수 있을 것이다. 노후 문제로 걱정하는 분들에게 이 책이 작은 위로가 되고, 따뜻한 도움이 되며, 실천의 실마리가 되기를 바란다.

　　어차피 내게 삶이 주어졌다. 내게 주어진 삶은 '나'만이 살 수 있다. 어떻게 나이 들어갈지, 또 어떻게 살다가 죽을 것인가는 온전히 나의 선택이자 실천이고, 결과이다.

2016년 3월

행복한 50+

차례

1장

건강 설계는 이렇게

먹거리와 건강 | 김규진

집안에서 회갑, 칠순, 팔순 생존을 축하하던 한국 고유의 문화는 이제 옛일이 되어버렸다. 호모 헌드레드(homo hundred)라는 100세 쇼크를 넘어 120세까지 수명이 연장될 것이라는 예측이 나오고 있는 지금, 장수는 더 이상 우리에게 축복이라고 이야기하기 어렵다. 수명 연장이 축복이 되려면 질적으로 좋은 장수여야 한다. 우리는 주변에서 생명만 연장한 채로 질 나쁜 장수를 하는 분들을 자주 접한다. 그래서 장수가 더 이상 기쁜 일이 아닌 재앙으로 다가오기까지 한다. 장수가 나 자신과 주변인에게도 축복이 되려면, 삶의 마지막 날까지 건강하게 활동할 수 있고, 아프지 않아야 한다.

의학이 발달한 현대에도 사람이 병이 걸리는 이유는 면역력 감소와 많은 관계가 있다. 면역력을 약화시키는 원인은 크게 세 가지로 나눌 수 있다. 환경, 스트레스 그리고 생활 습관이다. 우리가 생활하는 곳의 공기, 물 등이 안 좋아졌다. 또 우리는 살면서 크고 작은 스트레스를 마주하게 된다. 하지만 질병 중에서 특히 만성질환은 대개 생활습관에서 비롯된 것이다. 생활 습관은 우리가 일상 중에서 의식적으로 혹은 무의식적으로 생활하는 패턴의 반복이다. 생활습관은 환경과 스트레스에 비해 자기 주도적으로 개선과 실천이 가능하고, 이 변화하려는 노력의 반복이 우리 삶을 건강하고 행복하게 할 수 있다는 점에서 고무적이다.

50세인 A씨는 직장에서 매년 실시하는 정기 건강검진에서 대사증후군의 위험 범위에 들어있다는 결과를 들었다. 고지혈증, 내당증이 경계수위에 있으니, 주의를 요한다는 것이었다. 부친은 고혈압으로 약을 먹은 지 이미 10년이 되었고, 모친도 당뇨를 앓고 있다. 내심 집안에 내력이 있어서, 이대로 방치하면 나도 부모님처럼 고혈압과 당뇨에 걸리는 것이 아닌지 걱정이 되었다. 걱정하면서도 바쁜 업무와 잦은 외식, 운동 부족인 생활 습관을 개선하지 못하고 있다. 이웃 중에서 식이요법으로 질병을 이기고 건강하게 살고 있다는 소문을 들었다. 이웃에게 찾아가 그 비결을 물었다. 질병을 예방할 수 있는 방법이 의외로 간단하여 깜짝 놀랐다.

면역력

우리 몸에는 감사하게도 하늘이 내려준 선천적인 면역력이 있다. 선천적 면역력은 우리 눈으로 간단하게 확인할 수 있다. 일반 사람들은 손을 베인 후, 별다른 조치를 취하지 않아도 시간이 지나면 상처가 아물고 피부가 자연스럽게 원래 상태로 돌아가는 것을 모두 경험해봤을 것이다. 현대인들은 면역력이 크게 떨어져 있다. 이유가 무엇일까? 여러 가지 이유가 있겠지만,

기본적으로 우리가 매일 먹는 먹거리와 큰 연관이 있다. 면역력의 70%는 장 건강과 밀접하게 연결되어 있다. 우리는 매일 음식을 먹는다. 그러나 현대인의 생활 구조상, 매일 몸에서 받아들이는 음식물에 다양한 독소가 섞여 있게 되고, 생각 없이 먹는 음식들로 인해 우리도 모르는 사이에 독소가 몸에 쌓이고 있다. 우리 몸은 이런 독소도 정화시킬 수 있는 능력을 기본적으로 가지고 있지만, 문제는 너무 많은 독소가 매일 몸 안으로 들어온다는 것이다. 정화할 수 있는 용량을 초과하였기 때문에 정화되지 못한 독소는 몸의 어느 특정 부분에 쌓이거나, 혈액을 타고 돌아다니면서 질병을 일으키게 된다. 만약 독을 물 한 병에 섞는다고 가정하면, 독의 양에 따라 독이 희석되는 결과는 달라질 것이다. 평상시 먹는 음식 안에 존재하는 독소의 양을 줄이지 않는다면, 우리 몸의 면역력은 제대로 작동하지 못하게 되며, 결국에는 질병을 일으키게 되는 것이다.

건강함이 주는 유익

우리에게는 매일 생활 속에서 건강을 지킬 수 있는 최소한의 방법이 있다. 값비싼 영양제를 먹을 필요 없이, 바로 매일 먹는 음식을 철저하게 가려 먹는 것이다. 여기에서부터 건강은 시작된다. 먹어야 할 것과 먹지 말아야 할 것을 구분하고, 가능한 한 꾸준히 지켜야 한다. 좋은 먹거리는 질병을 예방할 뿐만 아니라 면역력을 높여 질병을 치유하는 데에도 도움이 된다.

음식으로 고칠 수 없는 병은 약으로도 고칠 수 없다고 히포크라테스가 말했다. 물론 시대가 다르고, 현대 의약기술이 많이 발달하여 100% 적용하기 어려운 부분이 있겠지만, 기본적으로 히포크라테스의 말은 상당히 신빙성 있고, 우리가 손쉽게 매일 실천할 수 있다는 점에서 반가운 것이다. 매일 올바른 음식을 먹는다는 것은 장기적으로 우리에게 대단히 유익하다. 오랫동안 건강하다는 것은 질병의 고통 없는 노후를 보낼 수 있다는 말이며, 아울러 노후비용 중에서 상당 부분을 차지하게 될 의료비 지출을 줄일 수 있어서 노후 자금의 걱정을 덜 수 있다. 다시 한 번 강조하지만, 병에 걸리지 않는다는 것은 고통 없는 삶, 금전적으로 어려움이 없는 삶을 영위할 수 있게 해준다. 그것은 우리가 매일 먹는 음식을 자발적으로 까다롭게 선택함으로써 가능하다.

쓰지 말아야 할 것

입으로 들어가는 재료만큼이나 중요한 것은 그 재료를 조리하는 도구와 음식을 담는 용기이다. 아무리 좋은 재료를 사용하여 음식을 만든다고 해도, 우리가 매일 사용하는 주방도구가 좋지 않다면, 나도 모르게 독을 먹고 있는 것이나 마찬가지다. 또 좋은 재료와 좋은 주방도구를 이용해서 음식을 만들었다 해도 그것을 담고 있는 용기에 문제가 있다면, 그 음식에는 몸을 아프게 할 독이 들어 있을 가능성이 매우 높다.

조리기구 및 용기

    알루미늄(양은) 냄비는 절대로 사용하지 말아야 한다. 소문난 맛집에서 찌그러진 알루미늄 냄비에 찌개를 보글보글 끓여서 내놓는다. 사람들은 역시 찌개는 이런 냄비에 끓여 먹어야 제맛이라며 맛있게 먹는다. 과연 이 사람들은 찌개만 먹은 것일까? 아니면 중금속을 함께 먹은 것일까? 같은 맥락으로 매일 사용하는 프라이팬의 코팅이 조금이라도 벗겨졌다면 당장 버리고 새것으로 바꿔야 한다. 알루미늄 냄비를 사용하지 말아야 하는 것과 같은 이유에서다. 플라스틱 기구나 용기 사용도 신중해야 한다. 각종 일회용품도 마찬가지다. 일회용품 사용을 줄이는 것은 나의 건강뿐 아니라 지구의 건강도 지키는 상생의 선택이기도 하다.

안전한 조리기구 및 용기

    스테인리스, 도자기, 유리, 나무라면 비교적 안전하다. 가능하면 빠른 시일 내에 조리기구를 바꾸자. 지금 당장 돈이 좀 들겠지만, 장기적으로 보면 경제적으로 이익이다.

먹지 말아야 할 것

매일 먹거리를 사기 위해 방문하는 대형마트, 슈퍼마켓, 편의점에서 판매되는 것 중 신선식품은 절반이 채 안 된다. 재래시장에서 판매하는 먹거리는 대부분이 신선식품이지만, 편리성 때문에 현실적으로 재래시장에 가는 사람이 많지 않다. 신선식품은 재료를 산 후, 손질하고 조리하여 식탁에 올리기까지 많은 시간과 노력을 요한다. 게다가 입맛이 변한 현대인의 입에는 이런 음식이 그다지 맛있게 느껴지지 않는다. 반면에 가공식품, 인스턴트식품, 반제품, 냉동식품 등은 신선식품에 비해 조리에 드는 시간과 노력을 많이 요하지 않아 손쉽게 구매하게 된다. 현대인의 입맛에도 부족함이 없는 맛이고, 일부 사람들은 오히려 맛있다고 느낀다. 시간이 부족한 요즘 사람들은 거리낌 없이 이런 식품들을 사고, 별다른 저항 없이 거의 매일 먹는다.

그러나 우리는 이 시점에서 한 번 곰곰이 생각해봐야 한다. 식품회사에서 유통기한을 늘리기 위해서 사용하는 각종 화학품이 우리 몸에 어떤 영향을 미칠까 의심해봐야 한다. 맛을 좋게 하려고, 맛있게 보이기 위해 넣는 각종 화학첨가물이 우리 몸에 어떤 영향을 미칠까? 정부가 규정한 하루 허용량을 지킨다고 해도 매일매일 그런 음식을 먹는 것은 장기적으로 우리 몸에 어떤 영향을 미칠까? 우리 몸은 그런 것들을 감당할 수 없다. 지금 현재 병적 증상이 나타나지 않았다고 해서 안심하면 안 된다. 당장 먹지 않겠다고 결심해야 한다. 완전히 먹지 않는 것이 어렵다면 대폭 줄여야 하고, 꼭 먹어야 하는 경우도 화학첨가물을 빼는 과정(끓는 물에 먼저 한 번 데치는 등)을 거친 후, 먹는 것이 좋다. 일회용 커피를 일회용 컵에 넣어 포장지로 저어 먹으면서 건강하게 장수하기를 바라는 것은 욕심이다.

쉬운 화학첨가물 구별법

우리 모두가 알고 있는 '식품'이라는 생각이 들지 않는 이름의 물질이 만약 먹거리에 들어가 있다면 그것은 화학첨가물일 가능성이 100%에 가깝다. '황색 4호', '이산화규소', '메타인산나트륨' 등 듣기에도 생소한 이름을 가진 이 물질들은 안타깝게도 우리가 자주 먹는 '햄' 뒷면 포장지에 늘 등장하는 물질이다. 한국인이 좋아하는 라면에도 우리가 평소 '식품'이라고 생각할 수 없는 수많은 화학첨가물이 들어간다. 어떤 것은 'ㅇㅇ베이스'라는 이름으로 속이기도 하고, '혼합ㅇㅇ'라고 표기되어 무엇이 들어갔는지 분별하기도 힘들다. 우리는 현실적으로 화학첨가물의 이름을 다 알기도 어렵고, 그 첨가물들이 일으키는 문제점을 모두 기억하기도 어렵다. 그러나 다행히 쉽게 구별할 수 있는 방법이 있다. 일반인들이 이 첨가물들의 이름을 들으면 흔히 들어왔던 먹는 '식품'이 아니라는 것을 금방 알아차릴 수 있다. 그나마 다행인 일이다.

잘 가려 먹는 편식

'편식'의 사전적 의미는 '음식을 가려서 특정한 음식만 즐겨 먹음' 혹은 '사람이 음식을 가려서 입맛에 맞는 것만 먹다.'이다. 이제 철저히 편식하자. 지금껏 해왔던 입에 맛있는 것만 골라먹는 편식 말고, 몸에 유익한 것만 까다롭게 골라먹는 편식을 할 때이다. 이 습관이 지속되면 놀랍게도 입맛에 역전현상이 일어난다. 전에 그렇게 맛있던 가공식품 등이 전혀 맛이 없을 뿐만 아니라, 오히려 역겹게 느껴지기까지 한다.

모든 신선식품은 기본적으로 유익하다. 특히 '다양한' 색깔을 가진 각종 식물에는 항산화 물질이 들어있어서 질병을 예방하는 데에도, 또 치유하는 데에도 도움이 된다. 식물은 많이 먹을수록 좋다. 하루 섭취량은 다섯 접시가 권장되지만, 현대 식생활에서 식물을 그만큼 먹기는 녹록하지 않다. 특히 밥을 위주로 하는 한국인 식단에서는 더욱 어렵다. 그래도 곡류, 채소가 주를 이루는 전통적인 한식 밥상은 소금 등을 적게 넣고 짜게 먹지 않기만 한다면 비교적 좋은 먹거리이다. 여기서 주의할 점은 정제된 흰 쌀, 흰 밀가루, 흰 설탕의 섭취는 금지다. 정제되지 않은 현미, 통밀 등이 좋다. 식물 섭취 시 채소와 과일의 비율은 80:20 정도가 적당하다. 과일이 식물이기는 하지만 너무 많이 섭취하면 열량이 과잉되어 살이 찌게 되고, 살이 찌면 대사증후군 등 각종 질병에 걸리기 쉽다. 반면에 채소는 많이 먹어도 열량이 높지 않아 상대적으로 그럴 염려는 적다.

한국인의 전통적 식습관 중에 매끼 밥을 꼭 먹어야 한다는 고정관념이 있다. 이 습관에서 벗어나는 것도 시도해보자. 매끼 밥을 먹지 말라고 해서

밥 대신 빵, 과자, 칼국수, 떡 등의 음식으로 대체하는 것은 더 나쁜 선택이다. 곡류가 아닌 다른 식물, 즉 감자, 고구마, 호박, 바나나 등도 좋은 탄수화물 공급원이면서도, 다양한 영양소와 항산화 물질이 들어 있다. 다음에 제시된 식단의 예에 따라 힘들어도 일단 일주일만 노력해보자. 몸의 긍정적인 변화가 느껴질 것이다.

우리나라의 평균수명과 건강수명과의 차이가 8.4년이나 된다고 2012년 통계청에서 밝혔다. 건강을 잃는 주요인은 나쁜 식습관(13.4개월), 음주(11.1개월), 흡연(9.4개월) 순으로 매일 우리가 섭취하는 것과 관련이 깊었다(건강측정평가연구소, 장애보정수명조사결과, 2010). 술과 담배는 1급 발암물질임을 우리 모두 알고 있다. 시중에서 매일 만나는 기호식품을 포함한 먹거리 중에서 우리가 무엇을 먹고, 무엇을 먹지 말아야 할지 결심하고 실천해야 한다. 지금 이 순간부터 하는 나의 선택과 실천은 내가 마지막 순간까지 인간의 존엄을 잃지 않고 건강한 삶을 살게 하는 관건의 선택과 실천이 될 것이다.

● Tip - 권장 조리법

· 튀기거나 볶거나 불에 직접 굽는 것보다는 삶고, 데친다.

· 볶을 때도 가능한 한 기름을 넣지 않거나 적게 넣는다.

· 소금은 적게, 가능하면 장류로 간을 심심하게 한다.

· 제철 식품을 이용한다.

● Tip - 무작정 따라 해보는 일주일 식단

구분	아침	점심	간식	저녁
월	토마토 주스 바나나 사과 반쪽 <small>(삶은 달걀)</small>	현미밥 부추된장국 두부조림 버섯파프리카볶음	삶은 비트	귀리밥 미역국 콩나물잡채 양배추김치
화	당근사과 주스 삶은 감자 토마토 보양숙 <small>(맑은 순두부)</small>	잡곡밥 우거지된장국 삼색나물 메추리알조림	삶은 호박	현미밥 버섯국 연어구이 청경채무침
수	레몬 주스 삶은 고구마 백김치 제철 과일	통밀연어버거 오이고추피클 토마토 주스	바나나	현미밥 북어국 우엉조림 마늘쫑무침
목	토마토 주스 바나나 사과 반쪽 <small>(삶은 달걀)</small>	현미밥 버섯국 콩나물파프리카잡채 멸치아몬드볶음	삶은 감자	파프리카김밥 무맑은국
금	호박죽 열무김치 두부조림 키위 한 개	보리밥 근대된장국 우엉조림 고등어간장조림	사과 한 개	현미밥 미역국 연어조림 삼색나물
토	연어샐러드 당근사과 주스 귤 한 개	잡곡밥 팽이버섯두부된장국 부추겉절이 버섯두부볶음	삶은 달걀 키위 한 개	현미밥 시금치 된장국 새송이구이 숙주나물
일	귀리죽 오이 김치 달걀 장조림 사과 반쪽	현미밥 버섯샤브샤브 오이양파무침	바나나	잡곡밥 버섯팔보채 부추겉절이

|김규진|

자녀의 난치질환을 식이요법으로 치유한 후, 음식을 골라 먹어야 한다고 주장하는 편식쟁이. 현대인이 걸리기 쉬운 만성질환, 특히 대사질환은 평상시 먹는 것에 조금만 관심을 두고 실천하면 예방할 수 있는데, 그러지 못하는 주위 사람들을 보면 안타깝다.

일과 가정을 모두 지키며
행복한 노후를 맞이하는 7가지 지혜

운동은 이렇게 | 최길례

63세의 B씨는 계단이 있는 개인주택 2층에 살고 있다. 지난해 겨울에 계단을 내려오다 빙판에 미끄러져서 척추에 압박 골절을 입었다. 평소에 규칙적으로 운동을 하지 않았고 복부비만과 골다공증이 있던 B씨는 한 달 이상을 크게 고생하며 회복에 온 힘을 기울였다. 그동안 척추 수술 대신 무통증 시술을 받고 병세가 악화되지 않도록 조심하며 생활하였다. 꾸준히 치료를 받았으나 뼈가 약해졌는지 쉽게 회복되지 않았다. B씨는 꽃 가꾸기와 사우나를 좋아하고 공원에서 산책하기를 즐겼으나 낙상사고 이후 불안감에 일상적 활동들이 위축되었다. 그러는 사이에 비만 증세가 심해지고 체력도 저하되었으며 여러 신체 기능도 약해져서 우울감과 무력감이 찾아 왔다.

노화는 운동하기 나름이에요

인간은 누구도 노화를 피해갈 수 없고 나이가 들어도 젊음을 유지하고 싶은 욕망은 크다. 그러나 노화가 진행되면 다음과 같은 변화들이 발생한다.

· 피부의 탄력성이 저하되어 주름이 생성됨

· 뇌의 용량이 감소되어 지적 능력이 저하될 가능성이 높아짐

· 미뢰 세포가 소실되어 미각이 둔감해짐

· 시력이 떨어지고 청력도 저하됨

· 혈압은 상승하고 심장 박동수는 감소함

· 후각이 둔감해짐

· 뼈의 강도가 약해짐

· 근육량이 감소되고 근육이 약해짐

· 체력이 저하됨

노화를 원천적으로 막을 수는 없으나 늦출 수는 있다. 즉 운동을 통해 노후에 겪게 될 많은 증상을 극복하는 힘을 기를 수 있다. 노인에게는 일차적으로 신체적·생리적 기능의 퇴화로 인한 골다공증, 복부비만, 폐활량 감소, 관절염, 체력 약화 등의 증상이 나타나고 그밖에 노화로 인해 고혈압, 당뇨병, 심장질환, 뇌졸중 등의 각종 질병에 노출될 확률이 높아진다. 또한 심리적 변화로 인해 긴장과 불안감, 우울감 및 무력감이 증가하며 자신감의 상실과 사회적 역할능력 약화로 인해 소극적인 성격으로 변하기 쉽다.

나이가 들수록 근육의 힘이 약화되거나 기능이 쇠퇴한다. 50%는 사용하지 않아서이고 50%는 자연 노화가 원인이다. B씨의 경우 자연 노화에 운동 부족이 더해서 신체적 기능이 약해졌고 결국 예기치 않은 낙상을 입고 크게 고생하게 되었다. 따라서 이러한 사고를 방지하고 노화를 늦추기 위

해서는 운동이 필수적이다.

골다공증

노년기에는 골밀도의 감소와 근육의 변화로 인하여 낙상 사고 위험성이 높아진다. 또한 나이가 들어가면서 디스크의 변화나 자세의 변화가 생기고 점차로 키가 줄어드는 원인이 된다. 골밀도는 약 35세 이후부터 매년 0.3~0.5%씩 감소하는데 특히 여성의 경우 폐경 이후에 해마다 2~3%씩 감소한다. 50세 이상이 되면 남성의 13%, 여성의 40%가 골다공증을 경험한다. 뼈의 생성량보다 소실량이 많아 골밀도가 낮아져 구멍이 생기고 뼈의 강도가 약해지는 질적 변화로 인해 약한 충격에도 골절될 가능성이 높아지는 질환이 골다공증이다. 여성이 남성보다 13.4배 더 골다공증에 걸릴 확률이 높다. 이 때문에 특히 여성은 빙판이나 눈이 녹아 노면이 미끄러운 봄철 산행 시의 낙상 사고를 주의해야 한다. 자주 햇빛에 노출시켜서 뼈를 튼튼하게 만들기를 권한다.

골밀도 감소와 근육 변화로 인한 낙상 사고 위험을 예방하기 위해서 첫째, 주기적으로 골밀도 검사를 하고 균형 잡힌 영양식과 칼슘 및 비타민 D가 함유된 식이요법을 한다. 둘째, 햇빛에서 일주일에 2~3회, 30분 정도씩 걷기와 같은 운동, 유연성 운동 그리고 무게 있는 근육 운동을 규칙적으로 꾸준히 함으로써 근육량을 강화시키도록 한다. 단단한 근육은 낙상 시에

뼈를 보호하여 사고를 예방하고 상해를 적게 할 수 있다. 셋째, 옷을 입고 벗을 때 의자에 앉아서 하도록 한다. 넷째, 조명을 밝게 하고 문턱이나 계단을 없애는 등의 주거 환경 개선도 낙상 사고의 위험을 예방하는 데 도움이 된다.

비만

우리나라에서 잘 알려진 L 한의사는 모 방송에 출연하여 본인의 비만 치료를 위해 한동안 여러 가지 방법을 시도해 보았으나 번번이 실패하였다고 밝히면서 여러 방법 중 운동은 시도해 본 적이 없었다고 하였다. 그런데 비만 치료 전문의의 권고로 운동을 시작하고 불과 5회의 P.T.(Personal Training. 개인 운동 처치)를 받았을 뿐인데 체지방량이 줄고 목이 세워지며 가슴이 펴지는 등 자세가 좋아지고 체중이 줄면서 운동 효과를 보고 있다고 고백한 바 있다.

현대사회에서 비만은 개인의 건강과 삶을 위협하는 문제를 넘어서 이미 하나의 사회적 문제로 대두되었다. 세계보건기구에서는 비만을 세계적으로 유행하는 질병이라고 규정하였다. 특히 노년기에 있어서 비만은 오랜 시간 동안 축적된 식습관과 생활 습관의 결과이다. 나이가 증가함에 따라서 기초대사량은 감소하나, 섭취량에 비해 신체 활동량은 줄이들이 소모돼지 않은 만성적 에너지 축적으로 인해 복부지방 중심의 비만이 될 확률이 높다. 노인에게 규칙적인 유산소운동은 에너지 소모를 증가시켜 복부의 체지방 감소와 심혈관계 질환, 당뇨병, 고혈압 등에 효과적이다. 운동은 1회에 30분 정도씩 주당 3회 정도 유지하며 차츰 운동 시간과 빈도를 늘려 가도록 한다.

여러 종류의 운동 중에서 물속에 머리를 담그지 않고 수중에서 행해지는 수중운동은 중력을 거의 받지 않기 때문에 발목이나 무릎, 허리 등에 충격과 부하가 없다. 또 다소 강도 높은 운동으로 인한 체온 상승 위험이 없고, 운동 자체의 흥미로 인해 불안감 없이 운동 효과를 낼 수 있다. 따라서 B씨와 같이 복부비만 해소와 낙상으로 인한 허리 부상 후의 운동으로 권장할 만한 운동이다.

노약자老弱者 아닌 노강자努强者로 살아요

인간이 건강하고 행복한 삶을 유지, 증진시키기 위해서는 기본적으로 체력이 뒷받침되어야 한다. 노년기에 접어들면 체력이 현저히 저하되어 삶의 질이 낮아질 수밖에 없다. 노인이 되어서도 체력과 건강을 유지할 수 있는 가장 효과적인 방법은 운동이다. 운동을 통해 체력 감소 속도를 늦출 뿐 아니라 체력 증진도 가능하다. 노인들에게 특히 중요한 심폐기능과 근력 향상에 도움이 되고 노인성 질환 예방에도 필요하다. 우리의 몸은 움직이지 않으면 퇴화하고 지나치게 움직이면 부작용이 생긴다. 적당히 잘 움직일 때 신체 기능이 유지되고 강화된다. 적절한 운동으로 체력을 향상시키자. 100

세 장수 시대에 노약자가 아닌 노강자(노력하며 강하게 사는 사람)로 살아갈 수 있다.

운동은 1주일에 3~5회, 1회에 적어도 20~60분, 최대 심박 수의 60~80% 정도에 이르도록 하되, 자신이 힘들지 않은 수준으로 건강 상태를 고려하여 적용한다. 또한 운동할 때에는 충분한 준비 운동과 정리 운동을 빠뜨리지 않는다.

준비 운동 하시고요

모든 운동은 반드시 준비 운동부터 한다. 준비 운동은 근육에 혈류와 체온을 증가시켜서 본 운동 시에 있을 수 있는 근육과 관절의 상해를 방지하고 이완을 도와서 유연하게 다음 운동으로 넘어갈 수 있도록 돕는다. 준비 운동에는 약 10~15분 정도의 시간을 할애하며 호흡하기, 관절 풀기 운동, 스트레칭 운동 등이 포함된다.

● Tip - 호흡하기

· 입을 다물고 코를 통해 천천히 숨을 들이쉰다.

· 입을 동그랗게 만들며 들이쉬는 숨 보다 두 배 정도의 길이로 천천히 내쉰다.

· 숨이 안정될 때까지 위와 같은 동작을 반복한다.

본 운동을 해요

노년기에는 노화 과정에서 체력의 감소나 운동 수행 능력 감소 등의 변화를 겪게 된다. 따라서 체력 유지 및 향상을 위해서는 체력 요소(근력, 유연성, 평형성, 지구력, 민첩성, 순발력)가 골고루 포함된 운동을 하되, 노인들은 신체 능력에 각자 차이가 있으므로 자신의 능력과 흥미에 맞도록 운동 강도와 운동량 등을 조절한다. 가능하면 운동 처방을 받아서 하는 것이 바람직하다. 본 운동은 에어로빅과 같은 유산소운동, 저항성 운동과 여러 종류의 스포츠 활동 등을 포함한다. 특히 심폐지구력의 향상과 지방 연소를 위해 하는 운동의 경우에는 기본적으로 10~15분 정도의 운동량에서 적어도 30분 정도로 지속해야 하나, 자신의 운동 능력을 고려하여 서서히 운동량과 강도를 증가시킨다. 이때, 옆 사람과 대화가 가능한 정도의 강도로 한다. 경쟁적이고 강렬한 운동에 참여할 때에는 교감신경계가 흥분되어 부정맥이 올 수도 있으므로 주의가 필요하다. 만약 운동하다가 호흡 곤란과 가슴 압박감, 어지럼증, 근육 경련, 신체 부위의 통증(팔, 다리, 관절, 어깨, 목 등), 식은땀, 매스꺼움이나 구토 등의 증상이 느껴지면 즉시 운동을 중단하고 필요시에는 의사의 진단을 받는다.

● Tip - 저항성 운동

웨이트 트레이닝과 같은 근력 향상을 목적으로 하는 운동으로서 체중, 아령, 덤벨, 바벨, 짐볼 등과 같은 기구를 이용한 운동을 포함한다. 자신에게 맞는 무게를 선택한다.

● Tip - 부상 예방

준비 운동을 한다. 운동하기 편한 신발과 운동복을 착용한다. 식후 최소한 30분 후에 운동한다. 낮은 단계의 강도에서 운동을 시작한다. 과한 음식물 섭취 후엔 2시간 정도 지난 다음에 운동 강도를 높인다. 실외 운동 시, 날씨나 운동 장소 여건 등을 고려하고 취침 3시간 전까지 운동을 종료한다.

정리 운동도 빠뜨리면 안 돼요

본 운동에서 휴식으로 부드럽고 무리 없이 자연스럽게 넘어갈 수 있도록 반드시 정리 운동을 한다. 약 10~15분 정도의 시간이 소요되며 천천히 심장 박동을 되돌리고 근육을 이완시키면서 회복될 수 있도록 돕는다. 낮은 수준의 유산소운동, 관절 풀기, 스트레칭 운동, 호흡 안정 등으로 구성된다. 스트레칭 운동은 노인들의 유연성 감소 예방, 바른 자세 유지 그리고 신체 기능 향상 등에 유용하며, 유연성이 향상되면 일상적인 활동을 한결 수월하게 할 수 있다. 또 여러 운동의 동작 습득이나 낙상시에 충격 완화와 상해 예방 등에 도움이 된다.

행복을 부르는 운동

성공적인 노화의 핵심은 심신의 건강이며 이미 언급한 바와 같이 운동은 필수적인 수단이라 할 수 있다. 여러 연구에서도 노인의 정신적 건강과 운동이 정적 상관관계가 있으며 운동에 참여함으로써 정서적 안정, 자신감 획득, 불안이나 스트레스 극복, 우울 증세와 긴장감 해소, 집중력 향상 등에 효과가 있음을 강조하고 있다. 주변에서 실제 운동에 참여함으로써 노년기에 다가오는 고독감을 해소하고 또한 자아존중의 기회를 갖게 됨으로써 생활 만족과 행복감을 경험하게 되는 경우를 보게 되는데, 운동과 우울감 또는 운동과 행복감과 관련된 연구 결과들이 이를 뒷받침해준다.

운동의 효과는 개인 운동 참여에서뿐만 아니라 때때로 집단 운동 프로그램의 참여를 통해서 더욱 잘 실현되는 경험을 하게 된다. 이창일(「노인의 운동 프로그램 참여가 성공적 노화에 미치는 영향」, 석사학위논문, 한세대학교, 2014)은 노인의 운동 참여와 노화와 관련된 연구에서 노인의 운동 프로그램에의 참여는 회원 간에 인간 관계망의 형성과 다양한 정보의 습득 등으로 독립적인 활동보다 더 강한 힘을 얻게 될 것이고 또한 회원 간의 사회성과 사회 적응력을 촉진시킨다고 밝혔다.

예를 들어 게이트볼은 노인들의 참여율이 높은 스포츠 중의 하나로서 노인들에게 새로운 인간관계 형성의 장으로 인식되고 있다. 운동도 하고 다른 사람들을 만나서 서로 상호작용하며 외로움이나 불안 등의 심리적 어려움을 이겨내기도 한다. 이처럼 노인은 운동 프로그램 참여를 통하여 다양한 의사소통의 기회, 자신감 그리고 운동의 효과와 행복감까지 얻게 된다.

춤추며 건강을 지켜요

서울대학교 노화고령사회연구소에서는 노인의 심폐기능과 관절에 무리가 없이 유연한 동작으로 민요에 맞춰 춤추면서 동시에 운동 효과도 얻고 건강을 지킬 수 있도록 노인들의 기호에 맞는 장수춤을 개발하여 보급해 왔다. 전국 장수춤 체조 경연대회 개최를 통해 하나의 놀이문화로도 발전된 장수춤은 노인들의 생활에서 즐거운 운동이라는 인식과 함께 활력을 불어넣어 주는 춤이다.

또한 포크댄스, 댄스스포츠, 라인댄스 등도 다양한 움직임과 음악을 통해 리듬감, 협응력, 평형감 등을 기를 수 있어서 일상생활에 필요한 기초 체력을 향상시킬 수 있다. 노인복지관, 사회체육센터, 평생교육센터, 각종 문화센터 등에서는 여러 사람이 함께 모여 민족의 생활 문화가 담긴 춤을 즐겁게 추면서 건강을 증진시킬 수 있는 프로그램들이 활발히 전개되고 있다.

● **Tip - 1 좁은 공간에서도 음악과 함께 쉽고 즐겁게 할 수 있는 운동**

(4/4박자의 선호하는 음악에 맞추어 하면 더욱 즐겁게 운동할 수 있다.)

· 제자리에서 가볍게 걷기

　- 32박자 또는 선택한 음악의 전주 동안 가볍게 걷기

· 손목 털기

　- 손목을 털면서 두 팔을 위로, 아래로, 양옆으로, 가슴 앞으로 모으기. 각각 4박자씩

　　16박자. 반복하여 전체 32박자

· 어깨 돌리기

  - 양쪽 어깨를 뒤쪽으로 4박자씩 2회 돌리기 8박자. 양쪽 어깨를 앞쪽으로 4박자씩 2회 돌리기 8박자. 반복하여 전체 32박자

· 목 돌리기

  - 목을 천천히 오른쪽으로 최대한 돌려 4박자 뒤를 보고 정면 보기 4박자. 다시 왼쪽으로 목을 돌려 4박자 뒤를 보고 정면 보기 4박자. 반복하여 전체 32박자

· 허리 굽혔다 펴기

  - 두 손으로 어깨, 허리, 무릎, 발끝 치기 각 2박자씩 8박자. 반대로 발끝, 무릎, 허리, 어깨 순으로 각 2박자씩 8박자. 반복하여 전체 32박자

· 옆으로 두 걸음씩 걷기

  - 오른쪽으로 두 걸음 4박자. 왼쪽으로 두 걸음 4박자. 반복하여 전체 16박자. 이때 양 손바닥을 펴서 유리창을 닦듯이 돌리며 걷기

· 전진, 후진 걷기

  - 오른발 왼발 엇걸며 지그재그 걷기를 하면서 전진하기 8박자. 오른발부터 걸으며 후진하여 제자리로 돌아오기 8박자. 전체 16박자. *익숙해지면 후진하여 제자리로 올 때 7~8박자에 오른쪽으로 90도 방향 전환

· 두 팔로 두드리고 손뼉치기

  - 양손의 주먹을 가볍게 쥐고 오른쪽에서 왼쪽으로 4박자 방망이질. 왼쪽에서 오른쪽으로 4박자 방망이질. 이어서 제자리에서 8박자 4회 손뼉치기. 반복하여 전체 32박자

● Tip - 2 실천

· 아무리 쉬운 일이라도 실천해야 이룰 수 있다.

· 반드시 실천하는 운동이 되기 위해서는 용기와 계획이 필요하다.

· 보건복지부 노인 정책과에서 운영하는 '건강 백 세 운동교실'을 방문해 본다. 노년기의 신체기능 저하 방지 및 개선에 적합한 표준운동 프로그램의 연구 개발 보급을 통해, 신체활동 능력 향상과 질병에 걸리지 않도록 예방하여 건강하고 행복한 노후생활 유지를 목적으로 공단 지사, 노인복지관, 주민 자치센터, 경로당 등 다양한 장소에서 실시하고 있다.

| 최길례 |

삶이 길어진 시대, 새로운 인생을 살고자 고심하고 있는 리스타트 코디네이터(Restart Coordinator)이다. '9988234' 무슨 비밀번호 같지만, 100세 시대 삶의 목표라 한다. 99세까지 팔팔하게 살다가 이삼일 앓고 4일째 생을 마감한다는 뜻이다. 오래도록 살아볼 만하게 들린다. 적설한 분농은 체력과 신체 기능을 향상시킨다. 적절한 운동으로 건강과 활력 넘치는 멋진 노후, 보다 젊고 활기찬 우아한 노년에 도전한다.

2장

생활 설계는 이렇게

은퇴준비 무엇부터 해야 할까? | 노원종

수도권에 거주하며 중소기업에 다니고 있는 55세의 A씨는 3개월 후에 명예퇴직 예정이다. 전업주부인 처와 군 제대 후 복학하여 대학 3학년인 아들과 대학 2학년생 딸을 두고 있는데 정년의 연장을 앞두고 회사에서는 불황 탓에 구조조정을 이유로 명예퇴직을 권고하여 약간의 위로금(연봉 6천만 원의 6개월분)을 받기로 하고 사직서를 제출하였으나 현재로서는 전직 준비 이외에 현실적으로 준비해야 할 것이 무엇인지, 또 무엇부터 준비해야 할지 막막할 뿐이다. 당장 몇 개월은 약간의 위로금으로 버틸 수 있겠으나 장기적으로 재취업이 안 될 시, 아이들 학비며 결혼 준비 자금, 부모님 용돈 및 병원 치료비, 그리고 무엇보다 당장 부부의 노후생활 자금 등 대책 마련에 잠을 이룰 수 없을 정도로 고민에 빠진 상태다.

경제생활 목표 설정

A씨에게 가장 필요한 것은 어느 수준에서 경제생활을 영위할 것인지에 대한 목표 설정이 우선이다. 물론 여건이 허락하는 한, 질 높은 목표를 설정해야 하지만, 여기서는 일반적인 기준을 가지고 준비하는 것으로 보고 목표를 설정하는 것으로 하겠다.

목표 설정 시 고려해야 할 사항으로는 자녀의 독립, 노화로 인한 질병의 치료 및 의료, 복지시설의 이용, 적정한 수준의 취미 및 여가생활, 적절한 규모의 재산을 자녀에게 상속하는 것 등을 기준으로 한다.

A씨는 자녀 교육비, 결혼자금, 부부 은퇴자금, 부모님 의료비 등을 고려하여 목표를 설정한다.

현상 파악 및 진단

목표가 설정되면 현재의 A씨의 재무상태를 파악하여 진단하는 것이 중요하다. 먼저 자산과 부채를 파악한다. 자산은 아래와 같이 구분된다.

· 유동성 자산(현금, 예금 등)
· 투자 자산(채권, 주식 등)
· 사용 자산(주택, 승용차, 임차 보증금 등)
· 보장성 자산(보험 해약금 등)

부채는 단기부채와 중·장기부채로 여기에는 차입금, 임대보증금 등이 있다. 총자산에서 총부채를 빼면 순 자산이 된다. 이것이 '자산상태표'이다. 다음에는 현금 흐름을 수입과 지출로 나누어 파악한다. 수입은 소득을 말하는 것으로 본인 및 배우자의 근로소득, 부동산 임대소득, 연금소득 등이 있다. 지출은 저축과 투자, 고정지출(주거 관련, 보험료, 대출금, 세금 등), 변동지출(생활비, 교육비, 부모님 용돈, 기부금 등)으로 수입에서 지출을 빼면 남는 부분이 추가 저축 가능 금액이 된다고 볼 수 있다. 이것이 '수지상태표'이다. 여기에 미래 필요자금을 감안하여 수지상태를 파악한다.

이제부터는 진단할 차례이다. 진단 시에 고려해야 할 사항은 다음과 같다. 우선은 은퇴 후 연 지출 희망금액을 추정하고, 은퇴 시점에서 필요한 자금을 계산한다. 그리고 은퇴 시점에서 준비 가능한 자산(사회보장, 연금, 보험, 부동산 임대료 등)을 산정하고, 은퇴 시점에 필요자금과 준비자금 간의 과부족 부분을 판단한다.

재무계획의 수립 및 실행

이렇게 진단하여 필요자금에서 준비자금을 제외하고 보면, 여유가 있을 시에는 증여, 상속, 기부, 여행 등의 방법으로 사용하면 좋겠지만, 부족할 경우에는 대안 마련이 시급하다. 큰 틀에서 봤을 때 부족분 조달계획을 해결하는 방법으로는 아래 내용을 계획할 수 있다.

· 투자수익률 높이기(저축, 펀드 등)

- 투자규모 늘리기(자녀 교육비 삭감 등 지출 구조조정)
- 투자 기간 늘리기(최대한 빨리)
- 생활수준 낮추기(주거 이전 등)
- 은퇴시기 늦추기(소득 확보를 위한 파트타임 일하기 등)

다시 말해 재무계획은 자산과 소득은 늘리고, 부채와 소비는 줄이는 방향으로 수립해야 한다는 뜻이다. 그리고 이때 은퇴 기간도 최대한 보수적으로,

- 은퇴 준비 기간 1(현재부터 직장 은퇴)
- 은퇴 준비 기간 2(직장 은퇴부터 경제적 은퇴)
- 부부 생존 기간(경제적 은퇴부터 남편 사망)
- 부인 홀로 기간- 요양원 입원 기간 포함(남편 사망부터 부인 사망)

까지 기간별로 나누어서 감안해야 할 것이다.

그러나 여기에서는 이 모든 부분을 다 언급하기보다는 가장 중점을 둬야 할 세 가지 분야만 우선순위를 두어서 설계해 보고자 한다. 우리가 살아가면서 인간의 가장 기본적인 욕구부터 충족이 되지 않으면 그다음 단계로 넘어가기가 어렵다. 그런 면에서 보면 1차적인 욕구, 즉 의식주 해결이 급선무가 아닐까 한다. 왜냐하면 인간은 생로병사와 떼려야 뗄 수 없는 존재이기 때문이다. 매일매일 먹고, 자고, 병 들어 죽는 것이 우리의 인생이기에 먹고 살기 위한 소득 보장, 병 치료를 위한 의료비 보장, 잠자기 위한 주거 보장의 순으로 설계해야 할 것이다.

소득 설계

소득 보장을 위한 설계는 '5층 연금'으로 계획한다. 부부가 기본적인 삶을 유지하는 데는 최소 월 200만 원씩, 30년간 필요 금액은 7억 2천만 원이 든다. 그러기 위해서는 매월 일정한 수준의 평생 소득이 필요하다. 그것을 해결할 대표적 방법이 연금이다. 연금은 공적 연금(기초연금, 국민연금, 공무원연금, 군인연금, 사학연금), 퇴직연금, 개인연금, 주택연금, 즉시연금으로 구성되어 있다.

국민연금은 국가가 지급을 보장하고, 물가 상승률을 반영하여 지급하는 의무가입 연금으로 출생년도별로 만 60세부터 65세까지 연금 수령시기가 나누어져 있다. 국민연금을 많이 받는 방법으로는 부부 동시 가입(임의 가입 제도 활용, 월 최소금액 납입, 10년 이상 유지), 연금 수령 연기(연기제도 활용, 최장 5년, 연 7.2% 가산), 납부 기간 연장(추납제도, 반납제도 활용) 등이 있다. 국민연금의 소득 대체율은 가입년도에 따라 88~98년 70%, 99~07년 60%, 08년 이후 매년 0.5%씩 하향하여 2028년 40%까지 내려가는 것으로 설계되어 있어 이 점도 감안하는 것이 좋을 것이다.

퇴직연금은 55세 이후에 10년 이상 수령하는 연금으로 중간 정산을 제한하고, 이직할 경우 개인형 퇴직연금(IRP)으로 옮기도록 하여 노후생활의 재원을 보호한다. 확정 기여형 퇴직연금(DC형)의 경우 추가 납입금에 대해서 연금저축과 합산하여 연 700만 원까지 소득공제가 가능하게 되어 있다. 따라서 퇴직연금은 국민연금을 수령하기 전 5~10년간 소득 보장 기능으로 활용하면 좋은 대인이 될 수 있을 것이다.

개인연금은 은행, 증권회사, 보험회사 등에서 가입할 수 있는 연금저축상품(55세 이후 연금 수령, 종신형 연금 불가, 3.3~5.5% 원천징수 후, 1,200만 원까지 분리과세)과 은행 및 보험회사에서 가입할 수 있는 연금, 즉 변액연금 보험상품(45세 이후 연금 수령 가능, 종신형 연금 가능, 10년 이상 유지시 비과세) 등이 있어 45세 이후 연금 수령할 수 있는 방법으로 고려해볼 만하다. 개인연금의 경우 10년부터 5년 단위로 30년까지 정해진 기간 동안 연금을 지급받는 정기연금과 종신토록 지급받는 종신연금(상속형, 기본형)이 있으며 특히 상속형의 경우 사망 시 원금은 상속인에게 귀속된다는 점도 참고할 만하다.

주택연금은 주택 소유주가 만 60세 이상이고, 시가 9억 원 이하의 주택법상 단독 및 공동주택(1세대 1주택)이면 부부가 모두 사망할 때까지 지급을 보증하는 연금이다. 5억 원 한도에서 대출도 가능한 상품으로 대부분의 은행에서 취급한다. 주택연금은 주택 가격 및 나이에 따라서 월 지급액이 결정되는데, 주택 가격이 3억 원일 경우 부부 중 연소자 기준 60세 68만 원, 65세 82만 원, 70세 99만 원, 75세 121만 원, 80세 152만 원 정도 지급되므로 자기 주택의 가격에 맞춰 개략 계산해 볼 수 있을 것이다. 또한 주택연금은 부부가 일찍 사망하여 원금이 남아 있을 경우 상속되도록 설계된 것도 좋은 점이라 할 수 있겠다. 물론 부부 중 한 사람이라도 장수한다면 원금이 초과되어 지급되었더라도 국가에서 계속 지급을 보증(한국 주택금융공사)하므로 노후에 더없이 좋은 상품이라 하겠다.

즉시연금은 보험회사에서 취급하는 상품으로 여유 자금이 있을 시, 일시에 투자하여 매월 일정액을 받아 생활할 수 있는 투자 수단으로, 2억 원까지 비과세를 적용받을 수 있으나 종신연금으로 선택시, 원금이 소멸되므로

20년 보증 종신형 등으로 추천한다. 즉시연금은 이 밖에도 은행의 정기예금이나, 증권회사의 월 지급식 펀드를 활용해도 좋으나 기대수익률 및 위험성 등을 감안해야 할 것이다.

의료비 설계

의료비 보장을 위한 설계는 보험으로 계획한다. 노후의 의료비는 통원 치료 수준의 일상적 병원비와 암, 뇌출혈 등 거액의 병원비, 그리고 요양원, 요양병원 입원 등의 장기 요양비 등을 준비해야 한다. 특히 은퇴 이후 이러한 막대한 의료비를 감당하기가 어려운 점을 감안하면 이런 위험을 보험 가입을 통해 이전해야 할 것이다. 특히나 고령일 경우 보험 가입이 제한되는 경우가 많으므로 가급적 빨리 가입하는 것이 유리하다. 추천할 만한 보험은 실손 보험(의료 실비 보험), 3대 질병 보험(암, 뇌혈관, 심근경색), 간병비 보험, 상해보험, 사망보험 등이며 3대 질병 보험의 경우 만기를 최대한 길게 하고, 갱신형이 아닌 평준보험료 방식으로 가입하고, 실손 보험의 경우 핵심보장(병원 입원비 등) 중심으로 노후에도 가입할 수 있도록 하며, 사망보험의 경우에는 종신보험으로 자녀가 성인이 되는 시기에 연금으로 전환 가능 및 상속세 재원으로도 활용할 수 있는 점 등을 감안해야 할 것이다. 이러한 보험은 정액 보상을 하는 생명보험과 실손 보상을 하는 손해보험으로 나누는데 가장 이상적인 형태는 생명보험과 손해보험을 결합시켜 가입하는 것으로 생명보험은 3대 질환(암, 뇌혈관, 심근경색) 중심으로 100세까지 보장받을 수 있도록 가입하고, 손해보험은 입원 의료비와 통원 의료비를 중심으로 가입하는 것을 추천한다. 단, 손해보험은 생명보험과 달리 중복 보상이 되지 않기 때문에 한 보험사를 선택해서 가입한다.

주거 설계

주거보장에 대한 설계는 기회비용 측면에서 계획한다. 우리나라 평균 세대당 보유자산은 실물자산(주택 등 부동산)이 80% 이상을 차지한다. 노후가 되어 자녀도 떠나고, 경제적 은퇴를 하게 되면 비싼 보유비용을 들이면서 실물자산을 가지고 있어야 할지 생각해 봐야 한다. 과거에는 부동산으로 은퇴설계(투자자산, 임대자산 등)를 많이 했으나, 지금은 고령화 진행에 따른 부동산 경기 침체로 가격 폭락 우려 및 재산세, 종부세 등 세금 부담과 팔고자 할 때 제때 팔지 못하여 노후생활 자체에 심각한 위협이 될 수 있으며, 임대 관리시 공실 발생 등 여러 가지 위험이 도사리고 있다. 아파트의 경우에도 사용자산이지만 핵가족화 등의 영향으로 대형보다는 중·소형으로 실수요자 위주의 거래가 이루어지고 있다. 경기 침체로 부동산에 대한 일부 규제(주택 담보 대출 비율 70%, 총부채 상환 비율 60%) 및 세금(취득세 및 양도세 일부 인하 및 완화)이 완화되기는 하였으나 여전히 사용 자산으로는 부담을 주고 있는 것이 현실이다. 그러므로 주거지 변경을 비용, 환경, 지역, 형태, 규모 등을 고려하여 이전, 다이어트, 리모델링 등으로 적극 전환해야 할 것이다.

A씨는 기본 재무설계를 은퇴준비에 맞춰 의(의료비), 식(소득), 주(주거) 중심으로 보험, 연금, 부동산에 대한 종합적인 계획을 수립하였으나 이에 부수되는 주요 세금 부분도 검토하여 절세 중심으로 설계에 반영하게 되었다.

금융소득 종합과세

금융소득 종합과세가 2천만 원 초과분에 대해서는 다른 소득과 합산하여 다음 해 5월에 종합소득세를 신고 및 납부해야 한다는 사실과 피부양자였던 건강보험료도 자격이 상실되어 부담이 증가한다. 때문에 사전 증여를 통해 금융 자산을 가족 구성원에게 분산하고, 금융 상품의 수입 시기를 분산하며, 절세 상품을 활용하여 과표를 축소하는 등의 대응을 적극 준비해야 한다. 또한 즉시연금보험은 10년 이상 유지와 종신 연금형으로 수령시 가입액 2억 원 이하일 경우 비과세 대상으로 종합과세에서 제외된다는 것도 참고해야 한다.

부동산 관련 세

부동산과 관련해서는 보유세(재산세, 종합부동산세)와 양도소득세에 대한 절세전략이 필요하다. 보유세 절세방안은 과세 기준일이 매년 6월 1일임을 활용하고, 1주택인 경우 기준시가가 9억 원(공시가 기준)까지 비과세이며, 기준시가가 9~12억 원시 12억 원까지 비과세가 되므로 공동명의가 유리하며, 2주택 이상인 경우에는 본인 비거주 주택에 대해서 임대 사업자 등록 후 5년 이상 임대를 유지하면 종부세 비과세 대상이 된다.

양도소득세 절세방안으로는 1가구 1주택을 유지한다. 다주택자인 경우 양도소득세가 적은 주택을 먼저 처분하고 1가구 1주택 비과세 요건을 충족한다. 임대주택 등록을 통한 절세방안도 수립한다. 양도시기를 6월 1일이 과세 기준일임을 감안한다. 세법이 허용하는 별도 세대로 만든다. 이혼 시 위자료로 주는 부동산은 재산청구권으로 주어야 한다.

상속 및 증여세

상속 및 증여세는 기본적으로 같은 세율로 이루어지나 효율적으로 절세하려면 상속 이전 및 이후로 나누어서 방안을 마련해야 효과를 극대화할 수 있을 것이다. 사전 증여 방안으로는 증여공제가 허용되는 범위 내에서 최대한 증여(친족 간 10년간 증여재산 - 성인 기준 5천만 원)하고, 부담부 증여를 적극 이용하여 빚과 함께 증여하며, 자산 가치가 큰 자산, 현금보다 부동산 등을 증여하고, 상속 및 상속세 납부 목적의 보험에 자녀를 활용하고, 증여의 흔적(증거)을 반드시 남기도록 한다. 사선 처분 방안으로는 상속 임박 시 재산을 종류별로 처분하고, 대출을 받더라도 1년 이내 2억 원 미만, 2년 이내는 5억 원 미만으로 해야 하며, 경제적 능력이 있는 자녀에게는 미리 현금을 주고, 피상속인의 생전 채무에 대한 입증 자료를 준비하도록 한다. 사후 절세 방안으로는 배우자 상속 공제를 최대한(30억 원) 받도록 재산을 협의 분할하고, 상속세를 납부하지 못하더라도 반드시 신고(상속세는 6개월, 증여세는 3개월 이내)하여 10%의 신고세액공제를 받으며, 연부연납과 물납을 최대한 이용토록 해야 할 것이다. 결론적으로 상속 및 증여세는 자산이 10억이 넘을 시 상속 재산과 증여 재산가액을 최대한 미리 줄이고, 받을 수 있는 공제(증여재산공제, 동거주택상속공제, 가업상속공제 등)는 다 받아야 하며, 기한 내 신고하는 것이 절세방안의 핵심이라 할 것이다.

여기에 제시된 내용도 정부시책이 바뀜에 따라 변할 수 있으니, 관련 사이트를 자주 살펴보자.

● Tip

국민연금공단: (1355) www.nps.or.kr

한국주택금융공사: (1688-8114) www.hf.go.kr

국세청: (126) www.nts.go.kr

| 노원종 |

31년간 회사생활만 하다 행복한 제2의 인생을 찾으려고 노력하고 있다. 현재 꿈찾기공작

소에서 행복디자이너로 맹렬히 활동 중이다.

|2장| 생활 설계는 이렇게

어디에서 살까? | 채규건

은퇴 후 현재 살고 있는 아파트에서 계속 살아야 할지, 아니면 다른 곳으로 이사를 해야 할지 고민이다. 대다수 사람들은 혼잡하고 공기도 탁한 도심을 떠나 부부 단둘이서 시골로 내려가 경치 좋고 공기 좋은 곳에서 나만의 전원주택을 짓고 살고 싶다는 생각은 한 번쯤 꿈꾸고 있다. 은퇴가 얼마 남지 않은 사람들은 주거설계에 대하여 심도 있게 고민을 하는 게 현실이다.

여기에서는 은퇴를 앞둔 또는 은퇴 후의 주거에 관심 있는 사람들을 위하여 주거설계를 어떻게 하여야 하는지에 대하여 면밀하게 검토해 보기로 한다.

은퇴 후 어느 곳에서 살까?

대부분 샐러리맨들은 직장에 다닐 때는 주로 직장과 가까운 도심(부도심 포함)에서 승용차나 대중교통을 이용하여 출퇴근하고 있다. 그러나 은퇴 후에는 출퇴근할 필요가 없기 때문에 굳이 출퇴근을 고려하여 주거지를 정할 필요가 없다. 그러면 은퇴 후에는 어느 곳에서 사는 것이 가장 행복할까?

사람마다 추구하는 생활방식과 수준이 달라서 도심 또는 지방 중 어느 곳에서 사는 것이 좋다고 일률적으로 말할 수 없지만 수십 년 동안 대도시에 거주하면서 직장생활을 했던 경우라면 경제 여건 등이 허락하는 한, 가급적 현 거주지를 추천하고 싶다. 은퇴 후 거주지 이전으로 인한 새로운 환경 변화에 적응하기가 상당히 어렵기 때문이다. 그러나 은퇴 후 노후생활 자금이 부족하거나 건강 등의 사유가 발생할 경우에는 지방이나 시골로 거주지를 이전하여 여유로운 전원생활을 하는 방법도 적극 검토할 필요성이 있다. 은퇴 후 거주지역에 따른 각각의 장단점이 있다.

첫째, 은퇴 후 도심이나 부도심에 거주하는 방식

역세권 인근에 거주하면서 승용차를 이용하지 않고 버스나 지하철 등 대중교통을 이용하는 방식이다. 장점은 대중교통 및 생활 편의시설 이용이 유리하고 노인들이 병원을 이용하기 편리하다. 단점은 주택 소유(또는 임차)에 따른 세금 및 관리비 등 주거 관련 비용 부담이 높으며, 시내 공기가 나빠 건강을 해칠 염려가 있다.

둘째, 은퇴 후 지방이나 시골에 거주하는 방식

귀촌 또는 귀농하여 공기 좋고 경치 좋은 곳에서 소규모 주택(전원주택 포함)을 신축·매입 또는 임차하여 여유 있는 전원생활을 하는 방식이다. 장점은 공해가 적고 소규모 텃밭을 가꾸며 여유롭게 생활할 수 있어서 건강에 많은 도움이 되며, 생활유지비가 도심에 비하여 저렴한 편이다. 단점은 교통, 생활편의시설 및 여가시설 이용이 불편하고 보안이 취약하다.

은퇴 후 거주할 주택 형태는?

우리나라 사람들 중 절반 이상이 아파트에 거주하고 있으며 특히 도심에 거주할수록 아파트 거주 비율은 더 높다. 그러나 은퇴 후에도 지금의 아파트에 계속 살아야 할 것인지, 아니면 나만의 단독주택(목조주택 포함)에 살아야 할 것인지는 사람마다 각자 취향과 생활 여건이 다르기 때문에 일률적으로 말할 수 없지만, 각각 장단점이 있다.

첫째, 공동주택 단지(아파트, 연립주택 등)에 거주하는 방식

샐러리맨들은 대부분 직장 근처의 공동주택에 거주하면서 출퇴근을 하고 있기 때문에 공동주택 거주에 익숙해 있다. 장점은 주로 대단지로 형성되어 있기 때문에 보안이 잘 되어 있으며 아파트 단지 주변에 쇼핑센터, 병원, 경로당, 문화회관 등이 있어 생활이 편리하다. 단점은 주변이 대부분 고층 아파트로 둘러싸여 있고 집 마당이 없어 단조롭고 삭막한 편이며, 층간소음으로 인하여 이웃 간 불화가 종종 있을 수 있다.

둘째, 단독주택(목조주택 포함)**에 거주하는 방식**

보통 샐러리맨들은 도심 근교 경관이 수려한 곳에 멋진 단독주택이나 목조주택을 짓고 조그만 텃밭을 가꾸면서 살고 싶은 욕망을 가지고 있다. 재정적으로 여유가 있는 어르신들은 판교나 동탄 등 수도권 신도시 내에 있는 단독주택 용지를 분양받아 직접 자기만의 단독주택을 설계, 신축하여 노후생활을 하는 방법도 있다. 그러나 단독주택이나 목조주택이 노후에 살기 좋은 점만 있는 것은 아니다. 장점은 집 마당에 나무를 심거나 텃밭 가꾸기 등 소일거리가 많아 건강에 좋으며, 공동주택과 달리 층간 소음으로 인한 이웃과의 불화가 없다. 단점은 집수리 비용 및 난방 비용이 많이 들며 아파트보다 보안이 취약한 편이다.

● **Tip - 전원주택의 입지 선정 요령**

① 전원주택 부지는 반드시 도로와 접해 있어야 한다.

② 가능한 한 일조량이 충분한 남향을 선택한다.

③ 주변에 공해 및 혐오시설이 있는지 사전에 반드시 확인한다.

④ 일정 규모 이상의 전원주택 단지를 선택한다.

⑤ 지대가 낮거나 경사도가 심한 곳은 가급적 피한다.

⑥ 교통, 의료, 쇼핑 등 편의시설이 비교적 가까운 입지를 선택한다.

유료노인복지주택(실버타운) 현황

우리나라 유료노인복지주택(실버타운)은 노인복지법상, 노인주거복지시설로 분류되어 있으며, 운영주체는 주로 민간사업자에 의해 운영되고 있다. 입소 기준은 단독 취사 등 독립된 주거생활을 하는 데 지장이 없는 60세 이상을 대상으로 하고 있다. 현재 우리나라 실버주택은 고령 인구의 증가 속도보다 시설의 수가 상대적으로 부족하고 법적·제도적 지원의 한계로 인하여 민간 투자에 의한 실버주택의 원활한 공급이 이루어지지 못하고 있다. 노인들의 라이프스타일에 맞는 주거시설의 운영방식, 형태, 이용 서비스 등이 다양하지 못하기 때문에 자신이 원하는 주거시설을 찾는 데 어려움이 있다. 반면에 미국, 일본 등 선진국에서는 실버타운이 비교적 활성화되어 있다. 특히 미국에 있는 선시티(SUN CITY)는 세계 최대 규모의 대표적인 실버타운으로 약 48,500개의 주거 홈이 있으며 거주 노인들을 위한 각종 편의시설 및 오락시설을 갖추고 있어 입주자들에게 편안하고 활동적인 노후생활을 최대한 보장해 주고 있다.

우리나라 유료노인복지주택(실버타운) 사례

보건복지부 '2014년 노인복지시설 현황'에 의하면 2013년 12월 기준 전국 유료노인복지주택은 총 25개소로 서울 10개소, 경기 7개소 등 주로 도심 또는 도시근교에 밀집되어 있다. 2010년 이후 4곳을 설치하였고, 단지당

200세대 내외, 15~40평형의 소형 및 중형 노인주택으로 설치하였으며, 사업방식은 주로 임대형과 분양형으로 시행되고 있다. 우리나라 주요 실버주택 사례는 다음과 같다.

- 용인 삼성노블카운티(553세대)
- 서울시니어스 강서타워(142세대)
- 용인 명지 엘펜하임(336세대)
- 하남 벽산블루밍 더 클래식(220세대)
- 상암 카이저팰리스 클래식(240세대)
- 자양동 더 클래식 500(380세대)
- 종암동 노블레스타워(239세대)

● **Tip - 실버타운 선택 요령**

① 의료시설, 문화시설, 및 편의시설이 잘 갖춰져 있는지 계약 전에 확인한다.

② 입주자를 위한 관리·운영 능력이 잘 갖춰져 있는지 계약 전에 확인한다.

③ 입주비용 및 관리비 부담이 적절한지 계약 전에 확인한다.

④ 분양주택 또는 임대주택 여부를 계약 전에 확인한다.

⑤ 입주보증금 반환에 대한 법적 안전장치 등 운영주체(사업주체)의 재무 건전성 여부를 계약 전에 확인한다.

노후 주거시설 설계 및 시공 시 고려사항

나이가 들수록 골밀도가 낮아지고 힘이 약해지기 때문에 어르신들이 기주할 주택을 설계 및 시공할 때에는 집 안에서 안전하고 편안하게 거주할 수 있도록 세밀한 부분까지 신경을 써야 한다.

첫째, 거실, 주방, 욕실 바닥 등에는 미끄럼을 방지하는 바닥재를 설치한다.

둘째, 계단뿐만 아니라 집 안 곳곳에 노인이 몸을 지탱할 수 있도록 허리 높이의 손잡이를 설치한다.

셋째, 거실, 화장실, 욕실 등의 높이를 같게 하여 불편한 턱을 모두 제거한다.

넷째, 가능한 한 뾰족한 모서리는 둥글게 표면 처리한다.

다섯째, 화장실에 비상벨을 반드시 설치한다.

여섯째, 복도와 출입문을 넓게 시공함으로써 실외에서 주택 현관까지 휠체어를 타더라도 수월하게 들어갈 수 있는 통로를 충분히 확보한다.

노후의 주거비용을 절감하기 위한 방안

은퇴 후 100세까지 40여 년 동안 병원비용, 경조사비, 생계비, 여가비 등 꼭 필요한 노후생활자금을 준비하기 위해서는 주거 관련 비용을 절감하기 위한 방안도 적극적으로 검토할 필요성이 있다.

첫째, 은퇴 후 자가주택이 아닌 임차주택에서 계속하여 거주할 경우에는 가능한 한 주택 규모를 축소하거나 임차료가 적은 주택으로 이사함으로써 노후의 주거비용을 절감할 수 있다.

둘째, 은퇴 후 현재 거주하고 있는 자가주택을 임대하고 임대료가 상대적으로 저렴한 지역으로 거주지를 이전함으로써 임대료 차액분을 부족한 노후생활자금에 충당한다.

셋째, 은퇴 후 퇴직금 등으로 기존 주택담보대출을 상환할 수 없을 경우에는 최우선으로 조기 상환계획(주택연금 가입 등)을 세워 매달 지출되는 자금 규모를 최소화한다.

넷째, 사회보호계층이나 무주택 저소득층에 해당되는 어르신들은 국가나 지자체 등에서 저렴하게 임대하는 임대아파트(영구임대, 공공임대, 국민임대, 장기전세, 행복주택 등)를 임차함으로써 노후의 주거비용을 절감한다.

노후설계자금 일부를 주택연금으로 충당하기

은퇴하기 전에는 자녀 교육비 및 주택마련 자금 등이 많이 소요되기 때문에 노후설계자금을 여유 있게 준비하기란 쉽지 않은 게 현실이다. 샐러리맨들은 대부분 은퇴 후 퇴직연금과 국민연금 외에는 일정한 소득이 거의 없기 때문에 노후설계자금이 턱없이 부족한 실정이다. 이러면 유용한 방법으로 주택연금제도를 활용할 수 있다. 평생 집을 담보로 맡기고 자기 집에 살면서 받는 주택연금으로 부족한 노후설계자금 일부를 충당함으로써 노후생활을 보다 더 윤택하게 할 수 있으며, 주거 만족도도 향상시킬 수 있다. 예를 들어 70세 어르신(부부 중 연소자 기준)이 3억 원 일반주택을 종신 지급방식(정액형)으로 주택연금에 가입할 경우 매월 97만 원을 받을 수 있다.

|채규건|

대기업에서 20년 넘게 주택사업 관련 업무를 담당했던 60대 중년 남성. 요즈음 은퇴 후 어떻게 하면 노후를 행복하게 보낼 수 있을지 고민이다. 특히 노후의 주거 관련 분야에 대하여 깊은 관심을 가지고 부단히 고민하며 연구 중이다.

일과 가정을 모두 지키며
행복한 노후를 맞이하는 7가지 지혜

나도 모르게 새는 돈, 막자 | 김규진

    나이 81세 남성인 B씨는 아내가 병환으로 요양원에 들어간 후, 집에서 혼자 생활하고 있다. 매달 연금을 받아 생활하고 있어서 생활에 크게 어려움은 없었다. 어느 날, 다달이 정기적으로 지출되는 공과금 중에 전기요금이 오랫동안 20만 원 이상 부과됐던 것을 발견하였다. 거주하고 있는 집은 방이 4개나 되고, 지은 지 오래된 단독 주택이어서 겨울철을 지낼 때마다 난방비로 매월 100만 원 정도가 들었다. B씨는 주변에 이 사실을 알리고, 노인 혼자 사는 가정집에 전기요금이 20만 원 부과되는 것이 정상인지와 겨울철 난방비를 줄일 수 있는 방법에 대해 알아보도록 부탁했다.

    노후생활에 가장 큰 어려움으로 다가오는 문제는 바로 생활자금이다. 추가 수입이 없는 상태에서 한정된 연금만으로 생활할 때는 더욱 그러하다. 이럴 때는 정기적으로 지출되는 비용 중에 과다하게 사용하는 부분이 없는지 다시 한 번 살펴볼 필요가 있다. 매달 나가는 고정지출 중에서도 조금만 신경 쓰면 합리적으로 줄일 수 있는 부분이기 때문이다.

전기요금을 살펴봐라 - 냉장고를 부탁해

B씨의 집에는 아내가 요양병원에 들어가기 전, 대형냉장고, 김치냉장고, 중형냉장고 등 총 세 대의 냉장고를 사용하고 있었다. 아내가 요양병원에 들어간 지, 이미 2년이나 지났음에도 냉장고 세 대가 여전히 돌아가고 있었다. 가정에서 사용하는 전기는 누진요금이 적용되므로, 사용하는 양이 올라갈수록 요금이 기하급수적으로 높게 부과된다는 점을 잘 알지 못했던 것이다. 아내 없이 집에서 혼자 생활하게 되었어도 지금까지의 습관을 무의식적으로 이어 가고 있었다. 냉장고 세 대 중 두 대 안에 있던 식품들을 한 대의 냉장고로 즉시 옮기고, 나머지 두 대의 전원 공급을 바로 중단했다. 두 대의 냉장고 사용을 중단한 후, 전기요금은 10만 원 미만으로 내려갔다. 월 10만 원이라는 돈은 요즘 같은 저금리 시대에 5천만 원을 정기예금에 넣어야 받을 수 있는 이자다.

혼자 사는 여성 노인의 냉장고 문제는 남성 노인과 별다르지 않다. 한국 전통음식은 주로 저장 음식이 많다. 그래서 여성 노인 혼자 생활한다고 해도 기본적으로 일반 냉장고와 김치 냉장고 두 대 이상을 사용하는 경우가 많다. 혼자 생활할 때, 냉장고 두 대를 사용할 만큼의 많은 음식물이 필요한지 생각해보아야 한다. 요즘처럼 먹거리가 넘쳐나는 시대에 굳이 여러 냉장고에 많은 음식을 보관하여 오래된 음식을 먹을 필요가 있는지도 생각해 보아야 한다. 냉장고에 오래 보관된 음식을 먹는 것보다는 신선한 제철 음식으로 조금씩 사서 먹는 것이 건강에도 좋고, 전기 요금을 줄일 수 있는 방법이다. 다 소비되지 못하여 남은 음식을 버리려면 또 음식물 처리 비용이 발생한다. 재래시장에 자주 가서 그날그날 먹을 수 있는 만큼 소량의 재료를 사고, 그날그날 만들어 다 먹어버리는 것, 이것이야말로 지갑의 돈이 새어 나가는 것을 막을 수 있는 가장 기본적인 방법이다.

텔레비전은 종일 혼자 놀고 있다

하루 종일 습관적으로 텔레비전을 틀어놓고 있는 노인들은 주변에서 많이 볼 수 있다. 주방에서 일을 하면서도, 화장실에 가면서도, 다른 방에서 빨래를 개면서도 텔레비전은 하루 종일 혼자 돌아간다. 텔레비전도 전기요금을 높이는 주범 중 하나이다. 전기요금에 대해 자꾸 강조하는 이유는 전기요금이 매달 부과되는 고정지출 비용 중에 많은 부분을 차지하기 때문이다. 사실 전기요금도 문제지만, 더 큰 문제는 어르신이 몸을 움직이지 않고 집 안에서 TV만 보고 있는 것이다. 건강에 좋을 리가 없다. TV와 친하게 지내기보다는, 밖으로 나가 좋은 공기를 마시며 산책하고, 이웃을 만나 관계를 증진시키고, 봉사활동을 통해 기쁨을 느끼는 편이 훨씬 행복하다. 집 안 텔레비전 플러그를 뽑고 나가자. 활동 범위를 집 안에서 바깥으로 옮기자.

따뜻한 방이 필요해

B씨는 집 난방을 주로 거주하는 안방과 주방만을 했음에도 집이 크고 오래된 데다, 기름으로 보일러를 돌리고 있어서 비용이 많이 들었다. 난방비를 이렇게 많이 지출하면서도 B씨는 한 번도 따뜻한 겨울을 난 적이 없다.

오랫동안 살아왔던 집이라 애착이 가고, 모든 것이 익숙한 곳이라 이제와서 다른 곳으로 옮기는 것도 많이 주저된다. 이런 경우, 난방비는 줄이기 힘들다. 그래서 은퇴 시기, 즉 부부 모두 몸과 정신이 건강한 시기에 주거비용이 적게 드는 작은 집으로 이사하는 것이 현명하다. 아파트에 거주하는 경우라도 은퇴 전에 큰 평수에 살고 있었다면, 자녀들을 결혼시킨 후에는 작은 평수의 아파트로 이사하는 것이 현명하다. 명절 등 특별한 날, 즉 일년에 몇 번 찾아오는 것을 염두에 두고 계속 큰 집에 거주하는 것은 관리비 등의 고정 지출을 많게 하므로 금전적으로 매우 불리하다. 오히려 명절 등, 자녀가 집을 방문할 때에는 집 외의 숙박시설에서 머물게 하는 것이 돈이 덜 든다. 이 책의 '2장 어디에서 살까?' 부분을 참고하여, 은퇴시기에 미리 노후에 살아야 할 집에 대해 부부가 상의하고 결행하는 것이 바람직하다.

집 안을 살펴라 - 미니멀리즘

우리 집의 주인은 니인가? 물건들인가? 우리는 냉장고에 음식을 쌓아두는 것이 얼마나 비합리적이며 낭비를 초래하는지 알게 되었다. 같은 맥락으로 짐을 버릴수록, 집이 행복해지고, 덩달아 나도 행복해진다. 아이폰을 만든 스티브 잡스는 일본의 모 디자이너에게 부탁하여 동일한 디자인의 터틀넥과 청바지를 백 벌씩 만들어서 매일 같은 옷을 번갈아 바꿔 입었다. 옷차림을 단순화한 것이다. 왜 그랬을까? 스스로 옷을 골라 입는 시간을 줄이기 위해 그렇게 한 것이다. 우리는 물론 타인의 옷차림에서 구질구질한 모습을 발견하게 되면, 사람 자체의 본질 가치를 제대로 평가하기 어렵다. 그렇지만, 매일 같은 옷을 입고 있다고 해도 상대가 청결하다고 느끼면, 그것을 크게 문제 삼지 않게 된다.

역설적이게도 스티브 잡스의 '매일 같은 옷 입기'와 같은 단순화는 우리 삶을 풍요롭게 한다. 왜냐하면 매일 무엇을 입을지 옷을 고르는 일에 시간을 쏟기보다는 진짜 하고 싶은 일, 정말 중요한 일을 선택하고 집중해서 시간을 보낼 수 있기 때문이다. 미니멀리즘, 즉 단순화가 우리의 시간과 정신을 더 중요한 일에 몰입할 수 있게 한다.

스티브 잡스보다 훨씬 먼저 미니멀리즘을 실천한 분이 바로 한국의 법정 스님이다. 법정 스님은 생전에 '무소유'란 필요한 물건만 갖고, 필요하지 않은 물건은 갖지 않는 것이라고 했다.

집 안에는 언제 사용할지 모르는 많은 물건들이 쌓여 있다. 그래서 어떤 이들은 가끔 이사를 한 번씩 해줘야 집이 깨끗해진다고 말하기도 한다. 이사하지 않는 한, 언제 샀는지도 모르는 물건들이 집 안 구석구석 박혀 있고, 자리만 차지하고 있다.

집 안 정리를 언제 한 번 해야겠다고 마음먹지만, 좀처럼 실행에 옮겨지지 않는다. 집 정리를 한 번에 다하려면 시간이 오래 걸리고 육체적으로도 쉽지 않다. 경험을 통해 그것이 얼마나 힘든지 알기 때문에, 정리하겠다는 마음을 먹기도 힘들고 실행하기란 더욱 힘들다.

언제가 사용할 것 같아서, 혹은 비싸게 샀기에 지금 사용하지 않지만, 그냥 쌓아두고 있는 살림살이와 옷들이 넘쳐난다. 사용하지도 않는 물건들을 단순히 보관하기 위해서 집 안의 많은 공간을 할애하고 있다. 많은 돈을 치른 집, 즉 비싼 부동산이 쓰지도 않는 물건들을 보관하는 데에 사용되고 있다. 그리고 그 고비용을 사람이, 내가 지불하고 있는 것이다. 물건 보관을 위해서 계속 고비용을 지불할 것인가? 어떻게 해야 할까?

그냥 매일 조금씩 짐을 버리자. 우선 지금 눈에 띄는 것부터 '쓰는 물건', '쓸만한 물건'과 '못 쓰는 물건'을 구분하자. 못 쓰는 물건은 즉시 버리자. 쓸만하나, 내가 쓰지 않는 물건은 즉시 남에게 준다. 물건 버리기가 마음의 가책이 되거나, 남에게 주는 것도 여의치 않다면, 재활용할 수 있는 곳에 내어놓으면 된다. 내게는 필요 없는 물건이 그 어느 누군가에게 꼭 필요한 물건일 수 있다. 집 안의 필요하지 않은 물건을 덜어내는 것은 본인과 이웃 모두에게 행복한 습관이다.

돈과 물건의 교환 가치

집 안의 필요 없는 짐을 버리고, 공간과 마음이 단순해졌다면, 다음 단계로 나아가자. 이제 물건을 살 때, 그것이 정말 필요해서 사는 것인지 생각해보자. 돈을 가지고 있다면 필요한 물건은 언제든지 살 수 있다. 반면에 이미 돈을 지불하고 물건을 가지게 되었다면 그것은 다시 돈으로 바꾸기 어렵다. 돈으로 바꿀 수 있더라도, 그 가치는 처음 지불한 돈의 액수와 같지 않다. 그렇다면 물건을 살 때 신중해야 한다. 물건값이 싸도 그 물건을 사려면 어차피 돈을 지불해야 한다. 물건이 아무리 좋고 싸더라도 그 물건이 '지금' 내게 꼭 필요한 것인지 생각해봐야 한다. 미래에 '확실하지는 않지만', '어쩐지 필요할 것 같고', '무척 유용할 것 같은' 물건은 지금 절대 사지 말아야 한다. 아무리 싸고 필요할 것 같더라도 말이다. 그런 마음으로 사들인 물건들은 내 지갑을 가볍게 만들 뿐만 아니라 또다시 집 안의 공간만 차지하게 된다.

건강과 가난의 상관관계

우리의 미래는 의료비 때문에 가난으로 내몰릴 가능성이 있다. 주변 어르신의 일상생활은 병원에 가는 것이 일과처럼 되어 있다. 그만큼 진료비, 약값, 수술 등 의료 비용이 점점 더 많이 들게 되는데, 이는 고정지출 비용의 하나가 되어 우리를 부담스럽게 한다. 질병에는 바이러스나 박테리아 같은 병원균의 전염에 의한 것과 심장 질환, 뇌졸중, 암, 당뇨 등의 만성질환, 두 가지가 있다. 발생하는 질병의 종류는 빈곤국과 선진국에서의 양상이 많이 다른데, 빈곤국은 주로 바이러스나 박테리아와 같은 병원균의 원인으로 사망에 이르는 경우가 많고, 부유한 나라의 경우, 만성질환자가 많다. 한국인도 선진국의 질병 추이를 따르고 있다. 즉, 만성질환자가 늘고 있고, 따라서 의료 비용도 늘고 있다.

사람들은 건강한 상태로 더 오래 사는 것이 중요하다. 기대 수명이 늘어나더라도 이 늘어난 삶의 시간을 건강하지 않은 상태에서 오랫동안 고생하며 보낸다면, 예전보다 더 오래 사는 것이 반드시 바람직하지는 않을 것이다. 질병 예방과 건강 증진에 힘을 미리 집중하자. 질병 예방과 건강 증진에는 비용도 적게 든다. 아울러 노후의 의료비 부담을 많이 줄일 수 있다. 미리 질병 예방과 건강 증진에 힘을 쓰지 않는다면 많은 비용을 의료비로 지출하게 될 것이다. 병원균에 의한 전염병은 어쩔 수 없다고 해도, 만성질환으로 질병에 걸리는 것은 우리 스스로 노력하여 어느 정도 막거나 늦출 수 있다. 만성질환의 대부분은 생활습관에 의한 것이기 때문이다(생활습관에 대해서는 '1장 건강 설계는 이렇게' 부분을 참고). 치료비가 많이 드는 질병에 걸리고, 그래서 마련해둔 노후자금 대부분을 의료비로 쓰게 되기라도 한다면, 우리가 원하지 않아도 어쩔 수 없이 우리의 노후는 가난해질 수밖에 없다.

"현대인은 죽도록 돈을 벌고, 죽도록 사들이고, 죽도록 내다 버린다."는 이 말은 씁쓸하게도 우리의 생활 양상을 정확히 표현한 것이다. 돈은 버는 것도 중요하지만 나도 모르게 습관적으로 낭비하여 귀중한 생활비가 줄줄

일과 가정을 모두 지키며
행복한 노후를 맞이하는 7가지 지혜

새어나가는 것이 아닌지 곰곰이 생각해보고, 습관을 바꿔야 한다. 그렇지 않다면, 우리는 물이 줄어드는 연못 속에 계속 있는 것과 같다.

● Tip

· 많은 어르신이 인공관절 수술을 받고 있다. 이는 장애 4등급으로 분류되며, 생활 속에서 장애인 할인 등의 혜택이 있다. 연말정산에서도 부양가족 중에 장애인이 있다면 장애인 공제를 받을 수 있다.

· 지역건강보험료는 소득이 없는 경우, 보유 재산을 기준으로 산출하게 되어 있다. 건강보험료는 고정지출 비용에서 상당히 많은 부분을 차지하게 된다. 직장건강보험에 가입되어 있는 자녀가 있다면 활용하라.

· 주택연금을 받고 있는 경우라면, 2018년까지 한시적으로 재산세 감면 혜택이 있다.

· 보건소에서 무료로 제공되는 건강 검진과 예방의료 서비스를 적극적으로 활용하자.

· 정부 관련 교육기관에서 무료로 제공하는 각종 교육을 이용하자.

· 정부정책에 늘 귀 기울여 비용 절감 방안이 어디에 있는지 살펴보고 이를 적극적으로 이용하자.

| 김규진 |

스무 살 시절 읽은 법정 스님의 『무소유』에 지대한 영향을 받아 물건은 줄곧 필요한 것만 소유하려고 노력하고 있다. 물건이 아무리 싸거나 좋아 보여도 필요 없는 물건은 사지 않으려고 노력한다. 그러나 자주 가는 마트에서 맞닥뜨리는 '50% 할인', '1+1 상품'의 유혹은 생각보다 강력하여 종종 무너지기도 한다. 오늘도 여전히 무소유를 향해 정진 중이다.

합리적 해외직구 | 차소영

 '쇼핑' 하면 여성들이나 하는 것으로 생각하는 경우가 많은데, 누구나 '쇼핑'으로부터 자유로울 수 없다. 사람은 혼자 살 수 없기 때문에 기본적인 의식주를 해결하려면, 누군가 만든 옷을 구매해야 하고, 누군가 재배한 농산물을 구매해야 하기 때문이다. 이왕 하는 쇼핑, 알뜰하게 하자. 인터넷을 조금만 검색해보면 할인쿠폰, 세일정보 등이 가득하다. 알뜰하게 쇼핑하려면 정보에 민감해야 한다. 인터넷의 급속한 발달로 알뜰 쇼핑족들은 국경 너머까지 쇼핑하는 시대에 살고 있다. 브랜드 상품을 좀 더 알뜰하게 구매할 수 있는 '해외직(접)구(매)'에 대해 소개한다.

해외직구는 왜 할까?

 주위를 둘러보면 생각보다 해외 브랜드 상품들이 정말 많다. 같은 상품인데도 집에 앉아서 저렴하게 구매할 수 있다면 국경 너머 쇼핑을 마다할 이유가 없다. 해마다 해외직구 하는 사람들이 점점 더 느는 추세다. 직구족들이 많이 쇼핑하는 품목은 주로 의류, 건강식품, 신발, 화장품, 전자제품 등이다. 특히 전자제품의 경우 최근 해외직구 증가율이 대폭 늘어났고, 블랙프라이데이 시즌에 대형 TV를 저렴하게 구입하는 사람들이 많아졌다.

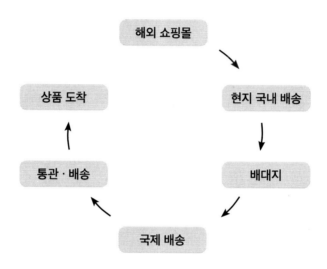

해외직구 프로세스

해외직구가 어떻게 이루어지는지 과정을 알아보자. 우선 해외 온라인 사이트에서 상품을 주문한 후, 현지에 있는 배송 대행지로 배송요청을 한다. 현지 배송 대행지는 고객의 상품을 대신 받아 국내로 항공운송을 해주는 프로세스로 진행된다. 배송 기간은 여러 가지 변수가 작용하지만, 주문에서 국내 배송까지 보통 2주일 정도 소요된다.

해외직구 하려면 외국어에 능통해야 할까?

'해외직구' 하면 외국어에 능통해야 할 거라는 선입견을 갖기 쉽다. 물론 외국어를 알면 물건 구매 시 수월한 건 사실이지만, 반드시 외국어에 능통할 필요는 없다. 해외직구 초보시절 개인적인 경험담을 소개한다. 당시 커피머신을 구매하려고 국내 온라인 쇼핑몰에서 정보를 찾던 중, 해외직구로 구매하는 편이 훨씬 더 저렴하다는 정보를 입수하고 무작정 아마존을 뒤지기 시작했다. 그러던 중 이탈리아 아마존에서 저렴하게 나온 커피머신을 발견했다. 이탈리아어를 하나도 몰랐지만, 이탈리아 아마존에서 커피머신 구매에 성공했다. 온라인 쇼핑몰에서 쇼핑해본 분들은 아시겠지만, 상품을 검색하고 장바구니에 담아 배송주소를 입력하고 신용카드로 결제하면 되는 프로세스이기 때문에, 해당 외국어를 모른다 해도 쇼핑하는 데 큰 어려움은 없다. 정확하게 알아야 할 용어가 있다면 구글 번역기를 이용하면 친절하게 번역해 준다.

해외직구 시 알아두어야 할 용어들

• 배송 대행업체

줄여서 '배대지'라고도 하는데, 해외에서 고객의 상품을 대신 수령하고 이를 한국에 있는 소비자에게 배송해주는 업체를 말한다. 아마존처럼 한국까지 배송해주는 해외 쇼핑몰도 있기는 하지만 보통 배송비가 굉장히 비싼

편이라 대부분의 직구족들은 배송대행업체를 이용하고 있는 실정이다.

• 구매대행

해외직구를 대행해주는 서비스를 뜻한다. 대부분의 배송대행업체는 구매대행도 해준다. 일부 쇼핑몰은 해외카드를 받지 않기 때문에 직구가 불가능한 경우도 있다. 이런 쇼핑몰에서 쇼핑하기를 원하는 소비자들을 위해 구매대행 서비스를 제공하고 있기에 편리하게 구매할 수 있다.

• 한국 직배송

샵밥, 아이허브, 비타트라 등의 쇼핑몰은 일정 금액 이상 구매하면 한국까지 무료로 배송해준다. 국제 배송비도 만만찮은데, 이런 온라인 쇼핑몰이 많아졌으면 하는 바람이다.

• Sales Tax

일종의 소비세로 미국의 경우, 상품가격에 Sales Tax가 포함되어 있지 않다. 결제할 때, Sales Tax를 추가로 지불하게 된다. Sales Tax는 주별로 부과율이 다르다. 오리건 주, 델라웨어 주는 면세지역이라서, 많은 배송대행업체들이 이들 주에 물류센터를 두고 있다. 뉴저지 주의 경우 신발과 의류 부분에만 비과세 혜택을 주고 있다.

- **목록통관**

별도의 수입 신고 없이 성명, 전화번호, 주소, 물품명, 가격 등이 기재된 송장만으로 통관하는 것으로 물품 가격 기준, 미화 $150 이하의 경우 관세·부가세가 없다. 미국과의 FTA 체결로 미국에서 구입하는 제품의 경우 $200 이하의 물품에는 비과세 혜택을 받을 수 있다(의약품, 건강기능식품, 주류, 기능성 화장품 등 목록통관 제외 품목의 경우는 $150 이하까지만 비과세).

- **합산과세**

직구로 구매한 여러 개의 물품이 동일한 날짜에 통관될 경우, 모든 물건의 합산 금액에 과세되므로 주의해야 한다. 다시 말해, 목록통관이 가능할 것이라 예상하여 하루는 옷 $190를 직구하고, 일주일 후에 화장품 $100를 직구했다고 해도, 통관기준으로 과세되기 때문에 이 두 물품이 동일한 날 한국에 도착하여 함께 통관된다면 합산하여 $290가 되고 목록통관 금액에 해당되지 않으므로 과세 대상이 된다.

알뜰하게 해외직구 하는 방법

- **아마존 가격 비교 사이트** (camelcamelcamel.com)

아마존은 동일한 판매자의 같은 상품이라도 시시때때로 가격이 변동되는 재미있는 쇼핑몰이다. 그래서 아마존 상품의 최저가, 최고가 등의 가격 정보를 비교해주는 사이트도 있다. 이 사이트를 이용하면 구매하고자 하는 상품의 적정가를 가늠해 볼 수 있어 알뜰하게 쇼핑할 수 있다.

• 할인코드(프로모션 코드) 핫딜 검색

해외 쇼핑 시 알뜰 구매를 위해 할인코드(프로모션 코드) 혹은 핫딜 검색은 필수이다. 대부분의 배송 대행지에서 온라인 카페를 운영하고 있는데, 할인 정보를 손쉽게 검색할 수 있다.

• 블랙프라이데이

블랙프라이데이, 대통령데이 등 미국의 쇼핑시즌에는 할인을 많이 하는데, 이를 이용하면 더 알뜰하게 구매할 수 있다.

• 캐쉬백 사이트

쇼핑할 때 캐쉬백 사이트를 경유해서 쇼핑하면 쇼핑금액의 일정 부분을 적립해주는 온라인 사이트가 있다(mrrebates.com, ebates.kr). 티끌 모아 태산이라고 적은 금액이지만, 적립금 쌓이는 재미도 있다. 계정에 쌓인 적립금은 페이팔을 통해 국내 계좌로 인출하거나 이베이즈(EBATES)코리아의 경우 신용카드 계좌로 입금받을 수도 있다.

- Tip
  - · 가격비교: 국제 배송비가 있기 때문에 해외직구가 반드시 더 저렴하지는 않다. 구매하려는 상품의 가격을 온라인으로 먼저 조사해본 후 더 알뜰하게 쇼핑하는 지혜가 필요하다.
  - · 합산과세: 여러 해외 쇼핑몰에서 구매했다면 같은 날에 통관되어 합산과세 되지 않도록 주의할 것.
  - · 건강기능 식품 및 향수: 일부 건강기능 식품의 경우 통관이 불가능한 제품이 있으니 반드시 확인하고 구매해야겠다. 영양제의 경우 한번에 6개까지만 통관 가능하다. 향수의 경우 일 인당 60mL 까지만 통관 가능하며 용량이 초과될 경우 많은 세금이 부과될 수 있으니 주의가 필요하다.
  - · 교환·반품의 어려움: 온라인 구매의 특성상 직접 상품을 보고 구매하는 것이 아니라서 특히 의류·신발류의 경우 사이즈 착오가 생기는 경우가 많다. 해당 매장이 있다면, 직접 사이즈를 알아보거나, 온라인 커뮤니티에서 문의 후 신중하게 구매해야 한다.

|차소영|

해외 브랜드 제품은 면세점에서나 저렴하게 구매할 수 있는 것으로 생각하던 차에 우연히 이탈리아 아마존에서 커피머신을 구매하게 되면서 해외직구에 발을 들여놓았다. 쇼핑하기 전에 언제나 할인쿠폰과 할인카드를 먼저 챙기던 자칭 알뜰 주부인 그녀에게 해외직구는 신세계 같았다. 해외직구 초창기에는 쏟아지는 할인 소식을 접하면서 충동구매하던 시기를 거쳤고, 많은 시행착오도 겪었다. 지금은 많은 할인 정보 중에 필요한 것만 취하는 눈을 기지게 되었고, 해외지구 정보와 직구 방법, 후기 등을 블로그에 포스팅하고 있다.

(blog.naver.com/cowdiary)

IT 기기와 친구가 되자 | 김규진

A씨 부부는 시간이 지날수록 IT 기기를 다루는 것이 어렵게 느껴진다. 얼마 전, 딸 내외가 새로 나온 스마트 텔레비전을 선물했다. 기존 텔레비전과 다르게 텔레비전 본체에는 아무런 장치가 없었다. 리모컨을 한 번 잘못 누르기라도 하면 다시 원래 보던 화면으로 돌아가는 것도 어렵다. 또 구입해야 할 생필품 중에 무거운 물건들은 집으로 직접 배송되게 하였으면 좋겠는데, 어떻게 구입하는 것인지 알 수가 없다. 매번 시장에 가서 무겁게 들고 와야 한다. 이웃은 멀리 사는 아들 내외와 스마트폰으로 화상 통화를 통해 예쁘게 자라나는 손주 모습도 자주 보고 있다. 또 스마트폰으로 간편하게 물건을 산 후, 스마트폰에 내장된 카드로 물건값을 결제하기도 한다.

항구에 남을 것인가? 배를 함께 탈 것인가?

부두에는 'IT 기술을 장착한 미래로 가는 배'가 정박하고 있다. 곧 출발하려고 한다. 아직은 늦지 않아서 배에 탈 기회가 있다. 그 배에 올라 미지의 미래로 떠나는 것이 귀찮고 어렵게 느껴진다. 지금 당장 배에 오르는 것이 번거롭다. 어떤 항해가 될지 예측하기 어렵다. 뱃밀미를 할 수도 있고, 기친 파도를 만나 배가 요동칠 수도 있다. 배에 타는 것이 조금 부담스럽고 또 약간 두렵다. 더군다나 부두에 남아 있는 것은 매우 안전하게 느껴진다. 부두에서는 모든 것이 익숙하고, 생활도 크게 불편하지 않으며, 뭔가를 새로 배우지 않아도 살아갈 수 있어서 편안하게 느껴진다. 그러나 그 배를 타지 않고 부두에 남기로 결정했다면, 남게 된 그 부두에서 우리는 앞으로 50년 혹은 70년을 예전 방식 그대로 답습하며 계속 그렇게 살다 죽을지도 모른다.

산업화, 정보화, 지식화 사회를 넘어서

아날로그와 디지털시대를 모두 겪은 우리는 앞으로 IT 기기가 더욱 급속히 발전하여 세상의 구조를 지배할 것이라는 예측을 누구나 하고 있다. 우리는 스마트폰이 세상에 나오고 얼마 지나지 않아 일상생활의 많은 부분이 달라진 것을 이미 목격했기 때문이다.

정보화시대에는 정보를 가진 자와 못 가진 자의 소득과 생활 수준의 편차가 존재했고, 지식화시대에는 지식을 가진 자와 지식을 가지지 못한 자의 소득과 생활 수준의 편차가 존재했다. 곧 우리의 일상을 지배하게 될 IT 기술 즉, 사물인터넷은 우리의 미래 생활 시스템을 구축하고 운영하게 될 것이다. 기존에 존재하던 많은 직업이 사라지고, 산업구조도 재편될 것이고,

생활 양상은 급변하게 될 것이다. 패러다임의 변화에 대해 우리는 깨어 있으면서 늘 변화에 적극적으로 반응해야 한다. IT 기술은 생활을 편리하게 해주지만, 사용할 줄 모른다면 생활 자체가 매우 불편해질 것이다.

배에 올라탔다면 적어도 부두에 남아 있는 것은 아니니 그래도 시대에 맞춰 갈 수 있는 많은 기회가 있다. IT 기술에 대해 생활에 불편할 정도로 모른다면 타인에게 자주, 적극적으로 묻자. 알고 나서는 내 생활에 능동적으로 습관화시키자. 모르는 것을 주변에 적극적으로 묻는 것은 좋은 태도이고, 타인과의 즐거운 소통을 위해서도 좋다. 자신이 아는 것을 알려주는 것은 누구나 좋아하기 때문이다. 주변에 물을 사람이 없다면, 정부기관에서 제공하는 교육에 적극 참여하는 것도 좋은 방법이다. 시대마다 그 시대에 필요한 교육을 시행할 것이고, 미래에는 더욱 다양한 교육을 제공하게 될 것이다. 현재 전국 대부분의 정부기관에서는 컴퓨터 교육을 비롯하여 스마트폰 사용법 등 다양한 IT 교육을 실시하고 있다. 나이 등의 조건이 맞으면 무료로 교육받을 수도 있다. 집 가까운 곳에서 편리하게 교육을 받을 수 있고, 실생활에서 당장 다양하게 활용해볼 수 있다.

나이가 들고 나서 우리의 모습이 지금 어르신의 모습과 다를 것이라고 그 누구도 단정할 수 없다. 그분들도 젊었을 때는 모두 선진적이고 시대 흐름을 잘 타던 분들이었다. 어느 순간, 왜 그렇게 되었을까? 우리가 그렇게 되지 않으리라는 보장은 있을까? 우리도 어르신들의 전철을 밟을 가능성이 높다는 것을 명심하자. 우리도 어느 순간, 어떤 이유에서이든 부두에 남기로 결정하고, 그 배에 오르지 않는다면, 우리가 미래에 어떤 모습으로 살아갈지 어렵지 않게 예측할 수 있을 것이다.

현재 인터넷에 연결되지 않는 컴퓨터나 휴대전화를 상상할 수 없듯이, 앞으로는 우리 주변의 많은 물건들이 네트워크에 연결되어 인간의 삶을 더욱 윤택하게 해줄 것이다. 우리는 당대의 문물을 적극 수용하고 사용하며 함께 살아가야 한다.

● **Tip - IT 교육을 받을 수 있는 곳**

· 가까운 주민센터, 구청 등 지자체에서 운영 중인 교육 프로그램을 확인해보자.

· 지역별로 서부여성발전센터, 강서여성인력개발센터 등 직업훈련기관의 무료 교육프로그램을 확인해보자.

· 경기도청 교육홈페이지 '홈런' 등 지자체 운영 평생교육사이트에서 인터넷 강의를 통해 전국 어디에서나 기초부터 상급까지 무료로 IT 교육을 받을 수 있다.

|김규진|

주변 어르신들이 날로 기술이 진화하는 IT 기기뿐만 아니라, 가전제품조차 제대로 사용하지 못해 생활에 불편을 겪는 것을 자주 본다. 그 모습을 보면서 수십 년 후에 나도 저렇게 살고 있지 않을까 긱정한다. 진문가 수준이 될 필요는 없지만, 시기마다 기술 빌진에 빌밎춰 적극적으로 교육받으며 살아갈 각오를 하고 있다.

3장

사람과의
관계 설계는 이렇게

은퇴 충격 줄이기 1 | 탁위향

K씨는 잘나가던 회사원이었다. 대학 졸업 후 자신이 원하던 회사에 입사하여 남들이 부러워하는 대기업 임원까지, 개인의 삶은 잊은 채 25년간 회사와 가족을 위해 최선을 다했다. 그러다 별안간 찾아온 명예퇴직이란 상황에 직면하며 심신이 공황상태가 되었다. 2주 전까지만 해도 계속 근무하게 되었다는 말을 들었기에 아무런 걱정을 하지 않았다. 그래서 아무런 준비가 되지 않았던 상황이었다. 중학생, 고등학생을 둔 아버지로서 더 막막해졌다. 그래도 마음을 가다듬고 '남들 다 겪는 일인데, 나에게 무슨 문제가 되겠어?'라는 생각을 하며 마음을 안정시켜 보기도 했지만 한 달, 두 달이 지나가면서 점점 불안하고 초조해졌고, 미래에 대한 두려움으로 마음은 쪼그라들고 위축되어 갔다.

직장을 가진 사람은 누구든지 퇴직을 한다. 명예퇴직이든 정년퇴직이든 실직은 반드시 찾아온다. 시간이 다를 뿐 30대, 40대, 50대 등 언제든지 실직할 수 있다. 지금은 20대도 명예퇴직을 한다고 하니 사회적 불신과 미래에 대한 불안감과 조바심 그리고 우울함과 외로움은 당사자는 물론, 가족에게 큰 충격과 스트레스를 가져다준다. 은퇴는 예정된 것이든, 예정되지 않은 것이든 배우자, 자녀에게 많은 영향을 끼치므로 가족이 함께 생각하고 극복해야 할 문제이다. 가족은 서로가 버팀목이며 힘이기 때문이다.

남편의 현실을 인정하고 받아들이기

실내복 차림의 남편이 집 안에 함께 있을 것이다. 남편은 거실에 누워 TV 보는 시간이 많아질 것이다. 그러다 보면 집안일에 자주 관여하게 될 것이다. 아내가 외출하면 혼자 있는 시간이 무료하고 익숙하지 않아서 아내에게 자주 전화를 하게 된다. 남편은 점점 소심해지고 예민해져서 사소한 일에도 화를 낸다. 일정 기간 분노하고 슬퍼할 시간을 가져야 현실을 받아들이고 회복할 수 있다.

가족의 공감과 지지가 필요하다

그동안 가족을 위해 앞만 보고 달려온 가장에게 "그동안 수고 많았어요."라는 말 한마디가 무엇보다도 큰 위로가 된다. 가족들과의 충분한 교감, 서로가 의지할 수 있는 끈끈한 가족애가 중요하다. "당신은 최선을 다했어요.", "아빠의 노고에 감사해요."라는 가족의 지지가 퇴직 후유증의 나락으로 떨어지는 가장에게 힘을 실어줄 수 있는 최고의 말이 될 수 있다. 퇴직으로 인하여 생긴 조바심, 외로움, 불안감은 상황을 맞이할 준비와 가족의 협조가 있으면 얼마든지 극복할 수 있는 문제이나.

자녀에게는 이렇게

자녀에게도 아빠의 상황과 가정의 경제 상황을 정확히 설명하고 이해와 협조를 구한다. 이때 아빠의 갑작스러운 퇴직으로 생길 수 있는 자녀의 불안한 마음과 상황도 살펴 준다.

아내라면 이렇게

자신의 능력 내에서 파트타임의 일거리라도 찾자. 서로에게 숨 돌릴 여유가 생긴다. 갑자기 갈 곳이 없어진 남편에게도 자신만의 공간과 시간이 확보됨으로 생각할 여유가 생기고, 일정 기간의 마음 정리 시간을 갖게 되면 주변을 살필 여력도 생긴다. 그러면서 남편은 자연스럽게 집안일을 하게 되고 가족과 함께 밥을 먹으며 자녀들과의 친밀감도 높아진다. 서로의 입장을 경험하고 생각해보는 기회가 되기도 한다.

가족이 함께

그동안 바빠서 함께하지 못한 것들을 하자. 가족이 함께 등산, 자전거 타기, 배드민턴을 할 수도 있고 인근 테마공원, 유원지 등 경제적 부담 없이 나들이 갈 곳과 함께할 수 있는 운동시설도 많이 있으니 이용하자.

본인은 이렇게

K씨에게는 무엇보다 원만한 인간관계 형성이 중요하다. 인간은 사회적 동물이기에 관계를 통해서 행복도 찾고 나의 단점도 보완하며 상호 의지하며 살아간다. 어떤 사람은 명예퇴직의 억울함과 분함 때문에 송별회 자리는 물론 인사도 없이 떠나는 경우도 있다. 그동안의 수고와 헌신을 스스로 헛되게 하는 사람들이 안타깝다. 사람들은 마지막 뒷모습을 기억한다. 수십 년간 직장생활을 하다 보면 대부분의 사람들은 이런 편협한 인간관계를 형성할 수 있다. K씨는 명예퇴직으로 직장을 잃어보니 인간관계 형성이 매우 중요함을 새삼 알게 되었다. 동료, 선배, 후배, 상사, 관계사 직원 등 다양하고 원만한 인간관계가 또 다른 직장을 소개하여 제2의 직장생활로 연결될 수 있음을 알았다. 재취업이 목적이 아니더라도 좋은 인간관계는 우리가 살아가는 데 가장 중요한 요소 중 하나임을 명심해야 한다.

조급함을 다스린다. 조급하면 악수를 둘 수 있기 때문이다. 지인 중 조급함을 견디지 못하고 경험도 없는 식자재 납품사업을 급하게 인수하여 시작한 지 6개월 만에 사업 철수한 것을 봤다. 인생 100세 시대를 사는 우리는 남은 40~50년을 더 잘 살아야 한다. 그리고 지금까지 생계만을 위해 살았다면 남은 2막 인생은 마음의 여유를 가지고 생각하며, 자신이 주인공인 주도적인 삶을 위해 재투자해야 한다.

과거의 내가 누구라는 직함을 잊어라. 과거의 일이나 지위에 연연하는 것은 자신을 더욱 초라하고 힘들게 만든다. 먼저 진정한 자신을 이해하자. 자신의 적성, 흥미, 핵심가치가 무엇인지 파악하고 거기에 경력을 더하면 내가 좋아하고 의미 있는 일을 할 수 있을 것이다. 꼭 노동의 대가를 받아야만 일이 아니다. 이제는 집안일과 봉사도 일이라고 생각하자.

뭐니 뭐니 해도 건강이 최고다. 은퇴 후 일시적으로, 또는 급격하게 건강이 나빠지는 경우가 있다. 긴장이 풀리고 생체리듬이 깨져 별안간 건강에 적신호가 올 수 있다. 집 안에만 있지 말고 밖으로 나가서 운동을 한다. 이는 정신건강에도 도움이 된다. 노후생활비 중 병원비가 가장 많이 차지함을 우리는 이미 알고 있다.

정부기관의 지원서비스를 활용하자. 최근 사회 변화로 인하여 정부에서도 퇴직자를 위해 많은 정책을 운영하고 있다. 고용노동부 산하에 퇴직자와 구직자를 위해 운영하는 여러 개의 공공기관이 있다. 한국고용정보원에서 운용하는 워크넷(www.work.go.kr)에서는 직업선호도검사, 즉 흥미검사, 적성검사, 진로검사, 가치관검사와 함께 채용정보 확인, 온라인으로 구직지원도 이용할 수 있다. 노사발전재단의 중장년 일자리희망센터에서는 전직지원 서비스 및 재취업지원 서비스도 개개인의 상황에 따라 맞춤형으로 받을 수 있다. 학교 법인으로 인정받은 한국 폴리텍대학에서는 실제적인 교육 및 훈련을 하고 교통비도 지급된다. 50대 이상의 장년층을 대상으로 인생 재설계를 돕는 서울시의 '50플러스센터'에서도 장년층의 진로 교육과 일자리 상담 등을 지원하고 있다.

부부만이

어느 강좌 시간에 교수가 한 여성에게 "앞에 나와서 칠판에 아주 절친하고 소중한 사람 20명의 이름을 적으세요."라고 했다. 여성은 가족 친구 친척 등 20명의 이름을 적었다. 그러자 교수는 "이중 덜 친한 사람들 이름을 지우세요."라고 말했다. 여성은 친척의 이름을 지웠다. 교수는 다시 한 사람을 지우라고 하였다. 이번엔 회사동료 이름을 지웠다. 드디어 칠판에는 네 사람, 부모와 남편 그리고 아이만 남았다. 강의실은 조용해졌고 다른 여성들도 말없이 교수를 바라보았다. 교수는 여성에게 다시 둘만 남기고 지우라고 했다. 여성은 망설이다 부모님 이름을 지웠다. 또다시 한 사람을 지우라고 했다. 여성은 각오한 듯이 아이 이름을 지우고 펑펑 울기 시작했다. 얼마 후 여성이 안정을 되찾자 교수가 물었다. "남편을 가장 버리기 어려운 이유가 뭡니까?" 여성이 대답했다. "시간이 흐르면 부모는 나를 떠날 것이고, 아이 역시 나를 떠날 것이다. 하지만 일생을 나와 같이 지낼 사람은 남편뿐입니다." 나와 끝까지 함께할 사람은 부모도 자녀도 아닌 배우자임을 알면서도 가장 소홀히 대하는 사람이 남편이고 아내가 아닌지 생각하게 된다.

| 탁위향 |

베이비부머 세대의 은퇴자 상황을 맞이한 주부이다. 젊은 시절, 자녀를 키우면서 미처 몰랐던 관계 형성의 중요성을 절절히 느끼며, 2012년 청소년 자녀를 위해 심리상담 공부를 시작했다. 아들과 딸을 둔 엄마로서 해가 더해 갈수록 일상의 행복에서 소중함을 느낀다. 요즘은 인생 2막을 준비하며 늘 배우기에 힘쓰는 평생학습가이다.

일과 가정을 모두 지키며
행복한 노후를 맞이하는 7가지 지혜

은퇴 충격 줄이기 2 | 김석태

어느 한 부부가 부부싸움을 하다 남편이 몹시 화가 났다. 화가 난 남편은 아내에게 소리를 질렀다. "당장 나가 버려!" 아내도 화가 나서 벌떡 일어섰다. "흥! 나가라고 하면 못 나갈 줄 알아요!" 그런데 잠시 후, 아내가 다시 자존심을 내려놓고 집으로 들어갔다. 아직도 화가 풀리지 않은 남편은 "왜 다시 들어와!"라고 소리를 지른다. "나에게 가장 소중한 것을 두고 갔어요!" "그게 뭔데?" "그건 바로 당신이에요!" 남편은 그만 피식 웃고 말았다. 그날 이후 남편은 부부싸움을 하다가도 여유 있게 웃고 만다.

재미있는 이야기인가?

재미있다면 왜 재미있을까? 그건 아마도 부부가 헤어지지 않고 재미있게 살아가는 해피엔드 때문일 것이다. 부부싸움은 칼로 물 베기라고 한다. 그런데 위 얘기가 해피엔드로 끝난 이유는 아내의 기지 때문이다. 즉, 아내의 사랑스러운 위트가 곁들여진 유머 때문이다. 그런데 실제 많은 경우는 집을 아예 나가 버린다는 게 문제다.

부부란 성격도, 자라 온 환경도 전혀 다른 두 사람이 만난 것이다. 그러니 성격이 맞는 게 오히려 기적이다. 기적이란 말이 너무 심했나? 아무튼 부부 사이는 말도 많고 탈도 많아 이야깃거리도 풍성하다. 그런데 이야기만 풍성하면 얼마나 좋을까? 말 많고 탈 많아 끝내 이별하는 부부가 너무도 많은 게 현실이다.

이왕 부부로 맺어졌다면 알콩달콩 잘 살아야 하지 않을까? 그걸 흔히 행복이라고 표현하는데 실제로는 대부분 마지못해 살아가는 것 같다. 정말 우리 부부는 서로 너무 사랑한다거나 동네방네 다니며 상대를 서로 치켜세우고 자랑하는 부부를 내 이제껏 본적이 없다. 하기야 남편 입장에서는 팔불출이라고 놀려대는 게 신경이 쓰이긴 하겠다.

그렇다면 부부간의 갈등이 무엇인지, 어떻게 그 갈등을 넘어갈 수 있는지 다음 사례를 통해 함께 생각해 보기로 하자.

사례 1

A씨는 세무서에서 30년 이상 근무하고 과장으로 퇴직한 60대 초반의 세무공무원이다. 본래 성격이 꼼꼼하고 책임감이 강하여 세무공무원으로 직무를 수행할 때 자신의 강점을 잘 살릴 수 있었다. 모범 공무원 표창 등 각종 수상실적과 국세청의 특별 감사반에 여러 차례 참여할 정도로 그 능력

을 인정받았다. 한마디로 A씨는 '법과 원칙에 의거'라는 말을 즐겨 하며, 성실, 근면, 정직이란 말이 어울리는, 마치 윤리 교과서의 주인공 같은 인물이었다. 또 자신의 직장 내 직위와 역할에 대한 자부심도 대단했다. 예전에는 말할 것도 없지만, 과장이 된 후에도 야근을 자주해서 아내와 종종 다퉜다. 아이들에게도 자상한 아빠가 되려고 노력했지만, 특유의 원칙주의와 시비를 판단하는 습관으로 아내와 아이들은 거북해 한다. 그런 남편이 퇴직하자 가정에 바로 변화가 오기 시작한다. 하루 종일 집에 있으며 삼식이가 되었고, 그렇게 많은 사람이 찾고 연락이 오더니 만날 사람도, 전화 한 통도 없는 현실을 보게 된다. 옛날에는 그렇게 받들고 챙겨주던 사람들은 다 어디로 가고 나 혼자만 있는지. '이게 외로움인가?' 이유도 없이 화가 난다.

거기에 아내마저도 이상해졌다. 워낙 살가운 말 한마디 하는 성격은 아니지만, 얼굴에 노골적인 거부감을 띠고 있다. 애들도 피하는 것 같다. 이런 상황을 가장 반기는 건 역시 담배다. 줄담배로 집 안 공기가 매캐하다. 안 마시던 술도 입에 대본다. 한 잔, 두 잔 하던 술이 반복되면서 술을 안 마시면 뭔가 찜찜한 기분이 들 정도다. 아내의 손길도 유난스레 차가운 것 같다. 전에는 가끔 따끈한 차 한 잔도 주고 피곤한 듯 누우면 옆에 다가와 말이라도 걸어줄 때도 있었는데 전혀 딴 사람 같이 찬바람이 분다. 잠자리에서의 반응도 예전과 달라졌다. 등을 두드리면 고마워하던 눈빛이었는데 아예 쳐다보지도 않고 불만스럽게 뿌리치기 일쑤다. 그러고 보면 가뭄에 콩 나듯 부부관계를 가졌던 게 언제였던가 기억도 나지 않을 만큼 감감하다. 아이들의 반응도 예전 같지 않다. 얼굴에 노골적인 거부감, 거추장스러운 느낌이 확 다가온다. 어떻게 된 일인가? 도대체 요즈음 내게 무슨 일이 일어나고 있는 것인지?

A씨를 위한 소나타

　A씨에게 일어나는 일은 무엇일까? 그렇게 열심히 청춘을 바쳐 일해 온 직장에서 퇴직을 하고 이제 돌아와 거울 앞에 선 누님 같은 존재일진데, 어찌나 세상은 각박하던지 A씨는 알 수가 없다. 죄라고는 맡은 바 책임을 다하느라 밤낮 일한 것뿐이다. 그리고 성실, 근면으로 최선을 다한 지난 시간이 전부이다. 그런데 돌아온 건 공허함, 괜스레 주눅이 드는 주변의 분위기, 냉랭한 눈초리만 남아 있다. 그제야 A씨는 새삼 자신을 돌아보게 된다.

　우선 A씨는 퇴직을 앞두고 몇 년 전부터 자신의 미래를 생각하며 준비를 해두지 못했다. 그저 지금처럼 일이 남아 있겠거니 하며 무관심, 아니 어쩌면 생각할 틈이 없었는지 모르겠다. 직장에서의 인간관계 역시 A씨는 무던하다고 생각을 해 왔다. 그 앞에서 안 되는 일은 별로 없다. 대개 눈치껏 알아서 해주었기 때문이다. 아침에 출근하면 벌써 인기척 소릴 듣고 직원이 재빨리 커피를 대령했다. 웃음 띤 얼굴로 다가와 과일이나 과자를 건네기도 했다. 누구 한 사람 A씨에게 토를 다는 사람 없었고 친절하고 정확하고 눈에 띄게 길해 주려는 사람만 보인 것 같았다. 이미도 A씨에게서 무슨 영향력을 감지하거나 기대하는 사람일 수도 있었겠다. 이런 관심과 배려, 분위기에 익숙했던 A씨에게 퇴직은 어떤 의미로 다가왔을까?

자신의 의사와 관계없이 퇴직을 한 사람들은 그것이 비록 정년퇴직이라고 하더라도 일할 수 있는 충분한 능력이 있음에도 불구하고 직장에서 밀려나 경제적 능력의 상실과 더불어 가장으로서의 역할도 상실하게 된다. 이런 상황에서 퇴직자는 경제적, 정서적 불안정에 직면하게 되고 나아가 고독감, 우울감, 소외감을 가중시키게 된다.

위 사례에서 드러난 문제점을 짚어 보면 해결안도 모색할 수 있을 것이다. 우선 법과 원칙에 충실히 직장생활을 한 사람들은 퇴직 후 가족이나 이웃 등 인간관계에서 문제가 불거질 우려가 많고 성품이 바르고 곧다고 스스로 인정하는 퇴직자 역시 융통성과 화합에 어려움을 자주 겪는다. 특히 오랫동안 원칙에 익숙한 사고와 습관은 남을 피곤하게 만들어 갈등이 심화되기도 한다.

그중에서도 갈등에 가장 노출되기 쉬운 관계는 역시 부부관계, 자녀와의 관계이다. 그리고 남과의 갈등처럼 표면에 쉽게 노출되지는 않지만, 본인 자신의 내적 고통, 자괴감, 좌절감, 불안감 등은 개인을 넘어 사회적 갈등으로 번질 수 있어 국가적 사회적으로 충분한 준비가 필요하다.

아내와 가족의 관심과 배려

퇴직을 하면 냉정한 현실이 기다린다. 자신이 설 자리가 없다는 현실적 불안감이 증폭되고 자신이 그래도 괜찮은 사람이라 생각해 왔는데 하루아침에 무기력해지고, 자신이 한없이 초라해 보이며 그동안 만들어 왔던 삶이 의미 없는 모습으로 다가온다. 당연히 가족 내에서의 권위도 약해지고 부부 관계도 소원해진다.

따라서 가족들은 퇴직해서 집에 들어온 가장의 심리를 세심히 이해하고 말 한마디, 눈길 하나라도 따뜻하게 배려하고 용기를 북돋우는 역할이 필요하다. 그중에서도 배우자는 퇴직 이후, 가장 많은 시간을 함께 보낼 사람이라 부부관계가 중심이 될 수밖에 없다. 하지만 이 동네, 저 동네 여기저기 기웃거려 봐도 퇴직자 부부들이 알콩달콩 웃음소리가 끊이지 않는다는 말은 별로 들어 본 적이 없는 것 같다. 웃음소리는커녕 일본처럼 날이 갈수록 황혼 이혼이 급증하며 마지못해 산다는 얘기도 더 이상 낯설지 않은 얘기가 아닌가.

왜 그럴까? 퇴직 전, 직장에 다닐 때도 남다른 애정을 품을 정도의 사이는 아니었지만, 아침에 출근하면 저녁에나 왔기에 충돌할 일이 별로 없었는데 이젠 얘기가 달라졌다.

직장의 조직에서 오랫동안 지내온 남편은 퇴직 후, 여러 가지 증세를 보이게 되는데 갑자기 폭삭 늙거나, 심한 부부갈등을 겪기도 한다. 사소한 일에도 민감히고, 잔소리가 신해지며 권위와 명예를 하루아침에 모두 상실하고 마치 삶이 끝난 것 같은 상실감에 시달리기도 한다. 위 A씨의 경우처럼 평생을 앞만 보고 책임감과 자긍심으로 달려온 사람들이 퇴직 후의 후유증이 큰 것은 그만큼 집보다 외부생활에 중심을 두고 살았기 때문이다. 승진하기 위해 무한경쟁을 했고 지시, 복종에 익숙해져 있는 사고방식과 생활습관 때문에 가족들과 수시로 갈등에 놓이게 된다. 더욱이 아직 자녀들의 학비 부담이 남아 있거나 결혼을 앞둔 미혼 상태라면 부부갈등은 더 심해질 수밖에 없다.

그러므로 퇴직자의 아내와 자녀들은 보다 세심한 배려와 위로, 격려가 움츠린 가장의 어깨를 펴게 할 수 있음은 물론 가정의 행복과 직결됨을 알고 따뜻이 감싸는 지혜가 어느 때보다 필요하겠다.

본인의 인식 전환과 적응을 위한 노력

퇴직자 역시 직장에 있을 때의 사고방식, 생활방식, 지시 명령과 같은 상하관계의 언어패턴이나 자세에서 벗어나 자연스럽고 부담감 없이 가족들에게 다가가는 남편이자 아빠가 되도록 노력해야 한다. 언제까지 직장에서의 경험과 추억을 안주 삼아 노래할 것인가? "내가 누군지 알아? 내가 어디에 있었던 사람인지 알아? 남들이 상상도 못했던 일을 내가 주물렀었어! 최고로 인정받은 사람이었어!" 등 과거의 울타리를 높고 튼튼하게 둘러치고 이런 자기를 알아 달라는 사람들이 많은 것 같다. 결론적으로 이런 퇴직자들은 하루빨리 모든 껍질에서 벗어나 새로운 자신을 보여주어야 한다. 퇴직자들에게 과거는 이미 지나간 버스라 상실감만 키울 뿐이다. 다음에 오는 버스를 느긋하게 기다리며 준비할 줄 알아야 한다. 이제는 인생 2막을 시작하는 각오와 다짐이 요구되는 시점이다. 하루라도 빠르면 빠를수록 좋다. 그리고 흔히 말하는 삼식이가 되어서는 곤란하다. 이제는 아내가 차려주는 세 끼 식사에서 벗어나 내가 직접 한두 개 요리는 만들어보거나 아내와 함께 집안일을 할 수 있도록 기능을 익혀두어야 한다. 가까운 요리학원에 등록하거나 지자체의 2모작 센터에서 운영하는 요리교실 등에서 쉽게 배워 활용할 수 있다.

생전 설거지 한 번 안 해본 사람이라면 이제부터라도 틈틈이 자진해서 참여하고 집 안 청소는 전담이라 선언해 보자. 시장 보는 것도 재미있게 참여해 볼 일이다. 놀라움과 기쁨으로 인해 아내의 눈이 커지고 입은 다물지 못해 괴로워(?)할 지도 모른다. 집 안에서 아내의 흥겨운 콧노래가 들리고 말씨도 한결 부드러워진 집 분위기에 자녀들도 촉촉이 젖다 보면 어느샌가 들려오는 행복 소나타, 기쁨과 긍정의 에너지가 집 안을 가득 채울 것이다. 미룰 게 뭐란 말인가, 당장 해볼 일이다.

또한 집에서 서성거리는 시간을 줄이고 오늘 내가 할 일이 무엇이고 갈 곳은 어디인지 수시로 파악해 본다. 갈 곳이나 할 일이 없다면 내가 만들어 보자.

그리고 그동안 아내와 하지 못했던 일들을 하나하나 풀어간다. 영화나 뮤지컬 같은 문화행사에 직접 참여하기나 등산, 조깅, 피트니스, 여행, 맛집 탐방, 문화센터 등록 등 취미 여가 활동을 적극 시도해 본다. 동네 맥주집에서 치맥을 즐기며 인생 2막을 서로 허심탄회하게 열어보노라면 이런저런 해결방안이나 아이디어가 떠오르게 마련이다. 그럴 때 아내와 그동안 살아 왔던 삶의 이야기를 진지하게 나누어 보자. 정말 인생이 달라지고 삶의 분위기가 변화할 것이다. 긍정적이고 적극적인 내 인생의 이모작이 시작될 것이다.

두 번째 삶을 위한 미래 설계

이제는 두 번째 삶에 대한 도전이다. '코이'라는 물고기는 사는 곳에 따라 크기가 달라진다고 한다. 어항에서 자라면 작은 크기로, 연못에서는 좀 더 큰 물고기로, 강물에서는 아주 큰 대어가 된다고 한다. 우리도 우리 생각의 크기에 따라 두 번째 삶의 크기가 결정될 수 있다.

두 번째 삶을 그리려면 방향이나 목표가 정해져야 하는데 필요성은 누구나 공감하면서도 누구나 실천하지 못하는 게 삶의 방향 모색인 것 같다. 삶의 이정표를 설계한다는 게 막연하면서도 엄두가 나지 않기 때문이다. 그러니 생활 속에서 아주 소소한 생각에서부터 출발해 보면 어떨까? 이를테면 내가 무엇을 잘하고 어느 때 기뻐했었는지 그것부터 생각해 보자.

내가 지금의 일을 하기 전 해보려고 했던 일은 무엇인지, 지금까지 내게 잊을 수 없는 감동을 주었던 책이나 연극, 영화, 뮤지컬 등의 취미나 생활 경험은 무엇이었는지, 생각만 해도 가슴 뛸 만큼 좋아하는 사람이나 추억은 어떤 것이었는지 종이에 적어 본다.

가수 이장희는 은퇴한지 37년 만에 다시 노래를 한 사람이다. 은퇴한 시간은 오래되었지만, 그의 가슴속에 내재되어 있던 꿈이 발화된 것이다. 아무리 나이가 들어도 젊은 시절에 하고 싶었던 이야기가 남아 있거나 미련이 먼지처럼 쌓여 있었다면 이장희처럼 다시 한 번 제대로 해 볼 기회가 오는 것이다. 그게 퇴임 이후이면 더 좋을 수 있다.

사람은 누구나 잘하는 일이든지, 좋아하는 일 또는 관심거리가 있게 마련이다. '나는 무엇에 관심이 많을까?'를 화두로 이런저런 생각이 떠오르거든 그걸 중심으로 내가 나아갈 방향을 그려보거나 일과 연결해 보자. 또는 이런 자료를 가지고 노후 컨설턴트 같은 전문가를 찾아 상담을 해보는 것도 좋은 방안이 될 것이다.

솔직한 대화, 부부관계의 회복

100세 시대라고 한다. 퇴직 후 30~40년은 더 살아간다고 보면 이 긴 시간을 누구와 무얼 하면서 어떻게 보내야 하느냐는 문제에 부딪힌다. 당연히 적절한 일거리가 있어야 하겠지만 그보다 이 시간을 함께 할 사람이 다름 아닌 바로 부부라는 생각을 한다면 퇴직 후의 긴 시간은 부부관계를 어떻게 조화롭게 경영할 것인가를 전제로 해야 한다.

퇴직을 하게 되면 부부가 집에 함께 있는 시간이 많아지면서 당연히 사소한 문제로 갈등이 많아지게 된다. 우선 가사 분담을 해결해야 한다. 직장에 출근할 때는 그저 조금씩 도와주거나 바쁘면 그런대로 넘어갈 수 있었다. 하지만 퇴임 이후엔 그게 안 통한다. 그래서 퇴직 이후의 부부 관계는 특히 사랑과 신뢰를 기초로 하는 새로운 패러다임을 만들어가야 한다.

2012 통계청 조사에 의하면 '배우자와의 관계'에서 남편이 부인에게 만족하는 비율이 71.8%, 부인이 남편에게 만족하는 비율이 59.2%로 부인이 남편보다 불만족이 크게 높은 것으로 나타났다. 공동가사 분담에 대해서는 남자들도 아내를 도와야 한다는 의견이 50% 정도였으나, 실제로 공동가사 분담을 한다는 답변은 16%에 불과해 여전히 가사는 여자가 도맡아 해야 한다는 인식을 가지고 있다.

이런 인식의 배경을 들여다보면 우리나라 남성들, 특히 베이비부머 세대의 경우는 가부장적 문화와 직장에서의 권위주의적 사고의 영향을 많이 받아 온 때문으로 추측할 수 있다. 이들에게는 요즘 한창 번지고 있는 아버지학교가 좋은 대안이 될 수 있다. 또 부부교육이나 상담 프로그램에 참여할 수 있는 기회와 장소를 국가나 공공기관에서 마련해 주어야 한다. 부부가 함께 대화나 의사소통의 방법, 자녀와의 원만한 관계나 손자녀의 육아 방법 등을 알려주는 프로그램을 운영함으로써 건강한 부부관계를 가꾸고 장차 생길 수 있는 이혼문제를 슬기롭게 극복할 수 있는 다양한 프로그램을 제공해 주는 등 만반의 준비를 마련해 주는 것이 당사자의 삶의 질 향상뿐 아니라 사회 공동체의 안정과 건강한 국민 복지 구현을 위해서도 필요한 것이다.

● Tip - 1 은퇴 후 행복한 부부관계를 위한 소통 십계명

1. 서로의 노고를 인정하고 칭찬하기.

2. 서로의 건강을 챙겨주기.

3. 서로의 신체적 정서적 변화를 이해하기.

4. 마음을 열고 자주 대화하기.

5. 사랑하고 감사하는 마음 표현하기.

6. 감성을 나눌 수 있는 취미생활 함께하기.

7. 서로의 꿈을 찾아주고 지지하기.

8. 부부가 주인공인 삶 살기.

9. 노후 준비를 위해 함께 계획 세우기.

10. 삶과 죽음에 대한 성찰 함께 나누기.

박지숭, 『은퇴 후 행복한 부부관계 만들기』, 한국경제매거진,

Asset Management 제84호, 2012년 05월.

● Tip - 2 반평생 함께 살기 위해 알아야 할 8가지

1. 표현하기 - 격려와 고마움을 아끼지 말고 표현하라.

2. 의식 만들기 - '부부만의 의식'을 만들어 사소한 순간을 기념하라.

3. 상처 이해하기   문제 뒤에 숨어 있는 진짜 목소리를 들어라.

4. 극복 스토리 만들기 - 고통을 극복한 부부는 쓰러지지 않는다.

일과 가정을 모두 지키며
행복한 노후를 맞이하는 7가지 지혜

5. 미래 그려보기 - 미래의 사랑 이야기를 만들어라.

6. 부부 중심의 가정 만들기 - 부부 중심의 가정으로 재편하라.

7. 평생 배우며 살기 - 사랑을 배우고 배우자를 배워라.

8. 감사하기 - 당연해 보이는 부부의 역할에 감사를 표현하라.

박성덕, 『우리, 다시 좋아질 수 있을까: 상처투성이 부부 관계를 되돌리는 감정테라피』,

지식채널, 2011.

● Tip - 3 성공적인 결혼을 위한 7가지 팁

1. 부부 관계는 부부 중심이어야 할 것.

2. 공동의 취미나 관심 분야가 있어야 할 것.

3. 주기적으로 둘만의 시간을 가질 것.

4. 배우자를 있는 그대로 인정할 것.

5. 배우자를 존중할 것. 어떤 경우에도 막말을 하지 말 것. 호칭도 주의할 것.

6. 가정이 자존감의 근원이라는 사실을 잊지 말 것.

7. 잘못된 선입관이나 고정관념을 버릴 것.

배정원, 『'끈끈한' 부부 생활을 위한 실전 조언』, 레이디경향, 2014년 5월호.

● Tip - 4 은퇴자를 위한 십계명

1. 말을 많이 하시 말자.

2. 늙지 말자.

3. 자신을 괴롭히지 말자.

4. 삐치지 말자.

5. 가두지 말지.

6. 이기려고 하지 말자.

7. 탐욕 부리지 말자.

8. 정죄하지 말자.

9. 일하지 말자.

10. 허울을 좇지 말자.

김병숙, 『은퇴 후 8만 시간: 은퇴 후 40년을 결정하는 행복의 조건』,

조선북스, 2012. 02 .29.

|김석태|

오랜 공직생활을 끝으로 퇴직을 한 후, 비로소 자신의 내면과 현실적 상황을 만나면서 퇴직이 부부와 가족에 미치는 영향을 들여다보고 있다. 직장을 벗어난 남자의 상실감, 공허감, 경직된 직장문화의 이해, 아내를 비롯한 가족의 역할을 해결 포인트로 제시하는 컨설턴트로 활동 중이다.

일과 가정을 모두 지키며
행복한 노후를 맞이하는 7가지 지혜

소와 사자 부부는 어떻게 살았을까? | 김규진

너른 들판에 소와 사자가 살고 있었다. 어느 날, 둘은 사랑에 빠졌다. 소는 사자의 용맹함과 멋진 외모에 반했다. 사자는 소의 부지런함과 순한 마음씨에 마음을 빼앗겼다. 서로 죽을 때까지 사랑하기로 맹세했고 둘은 결혼했다. 결혼 후, 사랑하는 상대를 위해 서로 시간과 정성을 쏟았다. 사자는 매일 나가 소를 위해 먹음직스러운 동물들을 사냥했다. 맛있는 먹거리를 사냥하여 돌아와 의기양양한 모습으로 소 앞에 내놓았다. 소 또한 배우자를 위해 매일 맛있는 풀을 찾아 멀리까지 걸어가는 수고를 마다하지 않았다. 소는 맛있는 먹거리를 사자에게 줄 생각에 기쁜 마음으로 돌아와 사자 앞에 자기가 가져온 아주 맛있는 풀들을 내어 놓았다. 그런데 사자는 사냥해온 동물에 입도 대지 않는 소가 도통 이해되지 않았다. 소는 소대로 자신이 정성스럽게 마련한 풀을 먹지 않는 사자를 이해할 수 없었다.

내 배우자는 로또야! 안 맞아도 너무 안 맞아

가정은 원시인의 동굴과 같이 안전을 보장해주는 곳이고, 세상에 자신의 존재를 구현할 수 있게 도와주는 시발점이다. 부부가 서로 안정감을 주기 위해서는 대화를 해야 한다. 그러나 안정감을 위해 대화를 하고 거기에서 위안을 얻기도 하지만, 때로 이 대화는 부부 갈등의 주범이 되기도 한다.

부부 갈등은 일차적으로 생각 차이에서 비롯된다. 타인과의 갈등보다 배우자와의 갈등이 더 많은 이유는 자기 생각을 그 누구보다도 더 자주, 더 많이 나누는 대상이기 때문이다. 가깝지 않은 사람들과는 통상적으로 대화 때문에 갈등이나 마찰은 잘 일어나지 않는다. 그들과는 일반적으로 날씨 등의 일상적 대화만을 나누기 때문이다. 직장 동료나 단체 구성원들처럼 좀 더 가까운 관계라면 일상적 대화에 더해 지식이나 정보와 같이 사실을 바탕으로 한 대화까지 하게 된다. 이 단계에서도 갈등이 쉽게 발생하지 않는다. 그러나 부부나 친구 사이처럼 자기 생각과 감정을 바탕으로 대화하는 단계에서는 갈등이 시작된다. 자기 생각이나 감정까지 드러낼 수 있는 것은 그만큼 친밀한 관계이고, 나를 잘 이해해주기를 바라는 소망이 그만큼 크기 때문에 갈등이 더욱 심화되기도 한다. 부부는 일상적 대화에서부터 감정, 느낌까지 여러 단계를 넘나들면서 서로 영향을 주고받는다. 그러므로 갈등은 필연적일 수밖에 없다.

연애시기에는 진화론을 들먹이지 않더라도 상대가 나와 많이 다르다는 짐에 끌린다. 그러니 막상 결혼하고 나서 보니 나와 달라서 매력적이었던 상대의 바로 그 점 때문에 결혼 생활을 해나갈수록 나를 미치게 만들고, 급

일과 가정을 모두 지키며
행복한 노후를 맞이하는 7가지 지혜

기야 서로 그 다름 때문에 이혼하고 싶어지기도 한다. 한 사람이 가진 욕구는 유전적인 것이고, 한 사람이 가진 전통적 가치는 교육에 의한 것이며, 한 사람에게 속한 삶의 의미는 고유하게 발견하는 것이다. 나의 인생, 나의 행복이 소중하듯이, 내 배우자의 인생, 내 배우자의 행복도 소중한 것이다. 이것만 인식하고 있어도 배우자 때문에 내 인생이, 나 때문에 내 배우자의 인생이 불행해지지는 않을 것이다. 부부는 다른 관계와 달리 한쪽에서 일방의 지배체제를 구현하려고 하면, 다른 한쪽은 불행할 수밖에 없다. 부부는 공동협력체제를 지향해야 한다. 남녀 모두 깊게 인식해야 할 부분이다.

행복해지고 싶다, 나의 이 욕구는 정당하다

나는 무엇에 행복해하는가? 내가 정말 행복해 하는 것을 알아야 내가 인생에서 가야 할 길을 알 수 있다. 또한 배우자에게 일방적으로 끌려가지 않는다. 내가 불행한 이유는 나의 기본적인 욕구가 충족되지 않아서이다. 사람은 언제 행복한가? 욕구가 충족되었을 때이다. 신체적으로는 생존의 욕구, 심리적으로는 소속감, 힘, 자유, 즐거움의 욕구 등이다. 욕구의 종류와 강도가 비슷할수록 부부는 행복하다. 인간은 심리적 욕구를 위해 신체까지도 포기할 수 있는 존재이다. 그만큼 심리적 행복이 인간에게 중요하다는 말이다. 먼저 나는 어떤 사람인지 나 자신에 대해서 잘 알아보는 것이 출발점이다. 또 내 배우자는 어떤 사람인지 진지하게 알아보고 어렵더라도 그대로 인정하자. 사람은 자기답게 살 수 있을 때, 가장 행복하다. 나는 나답게, 배우자는 배우자 그 자신답게 사는 것, 그리고 그렇게 사는 것을 서로 지지하고 존중하는 것, 이것이 행복한 부부 관계를 만들기 위한 첫걸음이다. 중년기에 내면의 소리를 듣기에 실패한다면 성격에 따라서 나이 들고 나서 어떤 이는 걱정만 하게 되고, 어떤 이는 밖으로만 돌게 된다. 우리는 그래도 어제보다 나은 오늘을 만들면서, 더 행복하게 살아야 하지 않을까?

성격의 차이

사람마다 타고난 성격이 다르다. 성격을 검사하여 결과를 알려주는 검사 도구인 MBTI는 이렇게 분석한다. 에너지를 바깥으로 쏟는 외향형이 있는가 하면, 안으로 쏟는 내향형이 있다. 현상에 대해 분석적인 사고형이 있는가 하면, 사람과의 관계를 중시하는 감정형이 있다. 사실을 체계화하는 판단형이 있는가 하면, 개방적이고 여유 있는 인식형이 있다. 지금 여기가 중요한 감각형이 있는가 하면, 육감에 의존하여 통찰하려는 직관형이 있다. 앞에 언급한 성격 유형은 한데 섞이어 더욱 다양한 유형으로 사람의 성격을 분류한다.

사상의학은 사람의 체질과 성격을 기본적으로 네 종류로 분류하지만, 현재는 내 기지에서 좀 더 복합적으로 확장되어 더 많은 종류로 분류하여 성격을 설명한다. 인간의 성격을 단지 몇 가지 혹은 몇십 가지 분류로 단정 지을 수 없겠지만, 그래도 이런 연구를 통해 우리가 한 가지는 분명히 알 수 있다. 나의 배우자는 나와 근본적으로 타고난 성격이 다를 수 있다는 점을 말이다.

흥미의 차이

흥미란 재미있어서 오랜 기간 반복해도 싫증이 나지 않는 것이다. 흥미는 감정적으로 즐겁고 유쾌한 상태이고 끌리는 것이며 흥을 느끼는 재미이다. 또한 흥미는 현재 안 하고 있으면 만족감이 떨어지는 것이다. Strong의 직업흥미검사도구는 개인의 흥미를 6가지 맥락에서 설명한다. 현장형, 탐구형, 예술형, 사회형, 진취형, 사무형이 그것이다. 배우자가 나와 같은 부분에서 흥미도가 높을 수도 있지만, 나와 전혀 다른 부분에서 높은 흥미도를 보일 가능성도 많다. 내가 즐거워하는 일과 배우자가 즐거워하는 일은 같을 수도, 다를 수도 있다. 다시 말해, 배우자는 내가 즐거워하는 일에 대해 흥미도가 대단히 낮을 수도 있고, 심지어는 극히 싫어할 수도 있다.

가치의 차이

살아가면서 개인이 가지는 가치의 우선순위는 사람마다 다르다. 사람마다 돈, 명예, 유머, 도덕성, 기여도, 성취감 등 무척 다양한 가치 중에 몇 가지를 상위에 놓고서 각자 인생을 살고 있다. 나는 삶에서 유머가 무척 중요한데, 내 배우자에게 유머는 전혀 중요하지 않고, 대신 명예가 가장 중요할 수 있다. 또 나는 사람과의 원만한 관계가 중요한데, 내 배우자는 성취감이 훨씬 중요할 수 있다. 나와 배우자가 각자 우선하는 가치가 다르다고 해서 상대가 정말 잘못되고 모자란 인간일까? 혹은 도덕적으로 문제가 있는 것일까?

차이를 알았다면 실천하자

사람은 누구나 강점 80%, 약점 20%를 가지고 있다고 한다. "오늘 있었던 일을 말해보세요."라는 질문을 받게 되면 강점 혹은 좋았던 일은 나도 모르게 기억에서 사라지게 되고, 본래 조금 가지고 있던 약점 혹은 안 좋았던 일만 부각하여 말하게 된다. 그러니 자신과 상대의 강점을 애써 떠올리고 말하려는 노력을 기울이자. '강점 표현하기'는 우리에게 좋은 영향을 끼친다. 나와 배우자의 강점을 애써 떠올리고, 힘써 말하는 것은 결과적으로 서로 좋은 기억으로 오래 남아, 나와 배우자의 각자 기억, 또 서로에 대한 기억에 긍정적인 영향을 끼치고, 궁극적으로는 부부 관계가 원만해진다. 우리는 에너지를 너무 나와 배우자의 약점에 쏟고 있는 것은 아닌지 돌이켜 봐야 한다. 약점에 집중하면 문제의 늪에 빠지게 되고, 그 문제는 결코 해결되지 않는다. 기억하자. 사람에게 약점은 20%밖에 존재하지 않는다. 사람은 누구에게나 약점이 20%만큼은 존재한다는 것을 그대로 인정하고 받아들이자. 대신 우리는 우리가 가진 80%의 강점에 집중하자. 그리고 표현하자. 나에게도 배우자에게도 똑같이 적용시켜 자주 표현하자. 관계에 놀라운 변화가 생길 것이다.

대화 방식의 차이

배우자와 나의 차이를 알았다고 해도 말을 잘해야 한다. 요즘 이혼하는 부부가 늘다 보니 이혼에 대해 연구하는 사람들도 많아졌고, 주목할 만한 연구결과들도 나오고 있다. 존 가트맨이 연구한 이혼부부에서 자주 발견되는 네 가지 대화 패턴, 즉 비난, 방어, 경멸, 담쌓기라는 분석에 눈이 간다. 해결 방안으로 '비난' 대신 '부드럽게 요청하기'를 들었다. 여기에서 '부탁(요청)'과 '강요'에는 차이가 있다. 내가 부탁한 것을 상대가 들어주지 않아서 내가 화가 나면 바로 내가 '강요'하고 있는 것이다. '방어' 대신 상대의 말에 '조금 인정하기'를 해결책으로 제시했다. '경멸'의 언사는 무조건 하지 않기를 권한다. 대신 호감을 표현하고, 상대를 존중하기를 권한다. 또 겉으로 보기에는 싸우는 것 같지 않지만 치열하게 자신을 괴롭히고, 또 상대와의 관계를 좀먹는 것이 바로 담쌓기이다. 주원인은 스스로 쪼잔해 보이지 않기 위해 이를 선택하거나, 상황에 압도되어 자기도 모르게 얼어붙은 상태가 되는 것이 바로 담쌓기이다. 많은 경우, 스스로 담쌓기를 하고 있다는 것을 알아차리지 못하기도 한다. 그래서 스스로 담쌓기를 하고 있다는 사실을 알아차리기만 해도 해결의 실마리가 보인다. 알아차렸다면, 스스로 자신을 진정시켜야 한다. 그리고 자신이 진정되었다면 상대도 똑같은 속도로 진정되었는지 살펴봐야 한다. 상대가 아직 진정되지 않았다면 우리는 조금 더 기다려야 한다.

대화만 잘해도 행복하다

이 글을 읽고서 수긍되었다 치자. 그러나 실천에 옮기지 않는다면 관계는 회복하기 힘들다. 개인에게 주어진 성격과 고착된 습성, 상대와의 앙금과 나쁜 기억 때문에 한두 번의 시도로 관계가 달라지기를 기대하는 것은 무리이다. 매일 부단히 노력해야만 대화방식 때문에 야기되는 부부 사이의 갈등을 막을 수 있다.

· **원수가 되는 대화방식의 예**

　A: 여보, 하늘의 별이 너무 아름다워!

　B: 별이 밥 먹여줘? / 별을 하루 이틀 봤어? / 아이고, 문학소녀 났네!

· **멀어지는 대화방식의 예**

　A: 여보, 하늘의 별이 너무 아름다워!

B: 웅? 가스 불 끄고 나왔어? / 웅, 내일 몇 시에 나가? / (고개만 끄덕이거나

'웅!'과 같이 짧고 억지로 하는 대답 혹은 별다른 반응을 보이지 않고 다른 일만 한다.)

- **다가가는 대화방식의 예**

A: 당신도 좀 봐봐! 하늘의 별이 너무 아름다워!

B: 그래! 참 예쁘다! / 정말 아름답네, 당신이랑 함께 보니 더욱 감동이고

행복해! / 와우! 자기가 말 안 해줬으면 저렇게 예쁜 광경을 못 볼 뻔

했어. 나도 보게 해줘서 정말 고마워!

앞의 대화가 어려운가? 그럼, 더욱 간단한 방법을 제시한다.

- **상대 말에 추임새 넣기, 상대 말을 똑같이 반복하기**

A: 나 배고파!

B: 그래? / 진짜? / 대박!

A: 나 배고파!

B: 배고파? / 배고프구나! / 배고파서 어쩌냐!

앞의 대화 예시는 실천하기 어려울 때도 있다. 어떤 때에는 사실을 있는

그대로 밝히는 것이 관계를 나쁘게 할 수도 있다. 옆집에 갓난아기가 태어

났다. 이웃 모자와 엘리베이터를 함께 탈 경우에, 뭔가 덕담을 해줘야 하는

데 아이의 인물 생김이 나의 정직성에 매우 충돌되는 경우도 있을 수 있다.

이럴 때는 나의 정직성도 살리면서 상대에게도 기분 좋게 해주는 대화법이 있다. 이는 배우자에게도 적용할 수 있는 대화 방법이다.

A: 안녕하세요?

B: 안녕하세요? 아! 아기 낳으셨다고 들었는데요. 이 아이군요. 아, 고놈 침! / 참으로… / 얼마나… / 아이고… / 건강하게… / 부모님 말씀 잘 듣게 생겼네요.

배우자와도 비슷한 상황에서 대화해야 하는 때가 종종 있다. 대부분 상황에서 우리는 적어도 배우자에게만큼은 시시비비를 정확히 판단해주고 사실을 명백히 밝히는 판사가 될 필요가 없다.

전략적으로 말하는 연습

부부 사이가 사실과 진실만을 말해야 하는 사이인가? 아니다. 그것이 부부 사이를 좋게 하는 대화라면 더욱 그렇다. 부부 사이를 지속적으로 행복하게 유지하려면 선의의 거짓말이 때로 필요하고, 그 선의의 거짓말은 부부 사이를 증진시키는 데에 탁월한 효과를 주기도 한다.

상대의 약점을 고치려는 충고는 효과적이지 않을뿐더러, 관계를 악화시키는 주범이다. 생각해보면 나 자신도 약점이 많은 인간일 뿐이다. 누군가 나의 약점에 대해 충고하는 것이 달갑게 들리지 않은 경험은 모두 해봐서 알고 있을 것이다. 잘못된 일을 미화할 필요는 없다. 그러나 굳이 잘못된 일을 들추거나, 상대의 약점 고치기를 시도를 하는 것은 시간 낭비이다. 안 그래도 세상에는 타인에게 지적하고 훈계하는 사람들로 넘쳐난다. 나까지 내 배우자에게 냉철한 이성으로 무장하여 옳고 그름을 판단해줄 필요는 없다. 상대가 가진 좋은 점에 대해 집중하여 언급하는 것이 훨씬 효과적이다.

자신에 대해서도, 상대에 대해서도 좋았던 점과 강점을 위주로 자세히 이야기해라. 긍정적인 이야기는 전염성이 있고, 기억도 오래간다. 상대가 가지고 있는 강점을 기본으로 상대가 가진 강점 자원을 더욱 고취시키는 것은 배우자를 행복하게 할 뿐만 아니라, 내가 행복해지는 지름길이다. 배우자 자신도 잘 모르고 있는 강점을 내가 적극적으로 찾아주자. 그저 따뜻한 동지로 곁에서 배우자의 편이 되어주자. 서로 행복해질 것이다.

스킨십이 마음의 문을 열게 한다

지지적 스킨십을 자주해라. 자주 어깨를 다독이거나, 손을 잡거나, 안아준다. 이것만으로도 마음이 활짝 열릴 수 있다. 말뿐이 아닌 행동으로도 "나는 당신을 지지합니다.", "나는 당신을 존중합니다."라고 표현하는 것이다. 어떤 때에는 이런 지지적 스킨십이 말보다 훨씬 큰 감동과 울림을 줄 수 있다. 나이가 들면서 점점 감정이 메말라가는 것을 느낀다. 매일 쏟아지는 사건·사고를 보면서도, 큰일이 일어나도 예전처럼 놀라거나 슬프지 않다. 감정 마비에서 벗어나야 상대에게 공감할 수 있다. 그래서 우리는 노력해야 한다. 내가 행복해지기 위해서 노력해야 한다.

그 후, 소와 사자 부부는 어떻게 살았을까?

사랑하여 결혼했지만, 배우자와 관계를 잘 맺으며 행복하게 사는 것은 평생 지속되는 도전이자 숙제이다. 어쩌면 한 번뿐인 내 인생을 배우자와 함께 잘 살아간다는 것은 소와 사자 부부의 사례처럼 엄청난 도전, 아니 불가능한 도전을 하고 있는 것인지도 모르겠다. 해마다 많은 부부들이 결혼을 하고, 또 이혼을 한다. 요즘은 황혼 이혼에서 발전해 수능 이혼이라는 현상까지 생겼다.

우리도 소와 사자 부부처럼 살고 있지는 않은지 생각해보자. 자기 방식대로, 자기 습성대로 상대를 위하여 시간과 정성을 쏟고 있지는 않은가? 내가 옳고, 내가 기준이라는 그릇된 신념을 가지고 상대를 대하고 있지는 않은가? 내 정성을 상대가 잘 몰라준다고 화내고 있지 않은가? 그리고 나는 늘 옳은데, 상대는 늘 틀렸다고 확신하고 있지는 않은가? 남녀는 금성과 화성에 각각 사는 것이 아니라 금성에서 사는 남녀가 존재하고, 화성에서 사는 남녀가 존재한 뿐이다

소와 사자 부부는 상대가 존재하고 있는 그대로의 모습으로 바라보고,

상대를 있는 그대로의 모습으로 존중하지 못한다면 앞으로 점점 더 불행해질 것이다. 지금이라도 상대가 고기가 아닌 풀을 먹는다는 것을, 풀이 아닌 고기를 먹는다는 것을 알아차렸다면 실마리는 풀린 것이다.

상대가 가진 고유한 습성, 문화, 생각, 가치를 존중하자. 배우자 자신이 본인 고유의 특성대로 살 수 있도록 존중하고 지지해줄 때만이 서로 행복할 수 있다. 그리고 더 중요한 것, 다가가는 표현을 하자. 다가가는 대화를 하자. 어렵다면 적어도 멀어지는 대화, '웬수'가 되는 대화는 하지 말자. 차라리 입을 다물어라. 지금도 늦지 않았다.

● **Tip - 먼저 나를 보호하자**

참기만 하는 것은 나에 대한 폭력이다.

구성원이 평화로워지기 위해 그 누구도 희생해서는 안 된다.

|김규진|

배우자가 무심코 하는 말투와 언어습관 때문에 상처를 받고 사는 사람들의 편에 서서 그들을 위로하고 싶다. 밖에서는 훌륭한 직장인이고, 아이에게는 좋은 부모이며, 집에서는 책임감 있는 가족임에도 불구하고 유독 배우자와의 관계가 어려운 사람들을 돕고 싶다.

이혼을 당하지 않으려면? | 서진환

나는 이혼을 당했다

갑돌이와 갑순이는 한마을에 살았듯이 내 아내는 나와 결혼하기 전, 나의 집과 직선거리로 5m에 살았다. 아내가 나서 자라나는 전 과정을 지켜볼 수 있었다. 나는 아내보다 7살이 많았다. 그녀를 지켜보는 것만으로 마냥 귀엽기도 하고 예쁘기도 하고 사랑스럽기도 하였다. 내가 중학교 1학년일 때, 그녀는 초등학교 1학년이었다. 그때까지만 해도 그녀와 결혼할 생각을 전혀 하지 못했다. 그런데 그녀가 20살이 되던 때, 서울에서 고향 사람으로 만나게 되었다. 전에 보지 못했던 완전한 숙녀의 모습으로 변해 있었다. 몰라보게 아리따워졌고 성숙한 여인으로 변해 있었다. 나는 이만한 여자를 구해서 결혼할 자신이 없겠다는 생각이 들어 그때부터 집중적으로 구애에 들어가 결혼까지 이르렀다. 아내와의 결혼 생활은 정말 행복했었다. 아내야말로 내 인생의 전부였다고 말할 수 있다. 아내 없는 세상은 생각조차 할 수 없을 정도였다. 그런 아내가 40이 되고, 결혼생활 20년이 되는 해, 백혈병으로 죽게 되었다. 나로선 아내를 잃은 슬픔이 너무나도 컸지만, 재혼의 꿈으로 메우려고 했다. 초혼의 결혼생활에서 행복한 경험을 했기에

재혼하면 매우 행복할 것으로 기대했기 때문이다. 서둘러 재혼해서 결혼생
활에 들어갔다.

내가 왜 이혼했는지 그 이유를 알 수 없었다

　나의 재혼생활은 그야말로 "이게 아닌데…"였다. 먼저 간 아내에 익숙해
있던 나로선 재혼한 아내와 맞는 게 하나도 없었다. 그런데 하나 맞는 게
있었다. 잠자리 하나는 잘 맞았다. 그래서 이것만으로도 보상될 수 있다 싶
어 어떻게든 이혼을 하지 않기 위하여 재혼한 아내의 비위를 다 맞춰 가며
살기로 하였다. 아내가 원하는 것은 다 들어줄 생각으로 말이다. 그 당시
어려운 형편에 빚내서 상담대학원에 다니게 해 주었고 아내 명의로 집도 사
주었다. 재혼한 아내가 원하는 것이라면 초혼의 아내에게 그랬던 것처럼 눈
이라도 하나 정도는 빼줄 수 있다는 마음으로 살았다. 말하자면 내가 할
수 있는 모든 것을 다 해줄 생각으로 말이다. 심지어 내 자녀와 부딪칠 때
조차도 아내 편을 들었다. 재혼한 아내와 나는 생각이 다르고 습관이 다르
고 성격이 달라 날이 갈수록 꼬이고 부딪쳤다. 도대체 소통이 되지 않았다.
그때마다 온갖 노력을 다했다. 어떻게 하더라도 이혼하지 않고 살아야겠다
는 일념으로 말이다. 나로선 이혼을 해서는 안 되는 사유가 또 있었다. 나
는 목사가 될 사람이었고, 당시 모 교회에서 전도사 역할을 하고 있었다.
마침 내 담임 목사님이 유능한 부부 상담자였기 때문에 부부 상담의 도움

을 받으면서 결혼생활을 유지해 나갔다. 이혼을 하지 않기 위해서 온갖 수단을 다 동원해 보았는데도 결국 이혼으로 끝나고 말았다. 나로선 이혼을 선택한 것이 아니라 이혼을 당한 것이었다. 아내는 나와 살면서 이혼하자는 말을 3년간 수백 회도 넘게 들었다. 다툴 때마다 이혼을 거의 입에 달고 있었다. 안 살겠다고 친정 가 있으면 달래고 사정해서 데리고 온 것도 수십 회가 넘었다. 사실 내 기억사전에는 이혼이라는 개념의 단어가 없었다. 나의 재혼 경험은 불행 그 자체였다.

사람들은 왜 이혼하는지에 대하여 연구하였다

내가 이혼을 당하게 된 것은 참으로 억울하기도 했지만 왜 이혼을 당했는지에 대해 이해가 되지 않았다. 그 당시 신학대학원에 들어가 목사가 되려고 했던 사람으로서 이혼을 경험하면서 신학보다는 상담에 더 관심이 많아졌다. 그래서 신학대학원에서 상담대학원으로 전공을 바꿔 졸업했다. 특히 이혼과 관련된 상담의 일을 하고 싶었다. 도대체 내가 왜 이혼을 당하게 되었는지가 가장 궁금하였고, 많은 사람들이 이혼을 하고 있다는 것을 알게 되면서 이혼을 전문으로 하는 상담자가 되고 싶었다. 많은 사람들이 앞으로도 그럴 수밖에 없기 때문에 이혼상담은 대박이 될 수도 있다는 막연한 환상도 한몫하였다. 상담대학원에서 훈련받은 것으로는 이혼에 관련된 전문적인 상담을 할 수 없다는 생각이 들어 이혼 전문 상담가가 되기 위해

상담학 박사과정을 들어가기로 했다. 이혼상담 전문가가 되기 위해서는 사람들은 무슨 이유로 이혼하는가를 먼저 깊이 알아 두어야 할 필요를 느꼈다. 그래서 나는 '이혼사유 과정' 연구를 하였다. 여성에 대해서 이혼을 연구한 자료는 많은 데 비해 남성을 대상으로 연구한 것은 그 당시에도, 지금도 흔치 않다. 남성은 여성에 비해 표현하는 것을 꺼리기 때문에 연구하기가 더 힘이 들겠지만, 남성을 대상으로 연구하기로 하였다. 나 자신의 이혼사유가 궁금했고, 다른 남성들은 왜 이혼하는지에 대해 궁금함도 있었고, 연구가치의 질도 높게 쳐줄 것 같아서였다.

당신도 이혼을 당할 수 있다

내가 이혼을 연구해보니 나처럼 이혼당한 남성이 절반 이상이 되었다. 나는 크리스천 남성 12명을 대상으로 심층면접을 하여 이혼의 사유와 이혼의 과정을 연구하였다. 여기에는 이혼을 경험한 목사님이 3분이 계시는데, 이분들도 나처럼 이혼만큼은 하지 않겠다고 필사의 노력 과정이 있었음을 알 수 있었다. 새벽 기도는 기본이고 금식 기도 등 수많은 노력을 했다고 한다. 나처럼 본인들이 아직도 자신이 왜 이혼했는지 모르고 있는 듯했다. 이혼 사유는 사람마다 다르고 사람 수만큼 다양하다. 각설하고 당신도 나처럼 또는 내가 연구한 사람들처럼 이혼당할 수 있다고 본다. 그 사유가 대체 뭘까? 그 핵심이 있다. 실은 간단하다. 그런데 실행은 쉽지 않다.

이혼을 당하지 않으려면 소통방식을 바꿔야 한다

　이혼 사유에 대해 매년 발표하는 통계청의 발표는 유사하다. 주된 이혼 사유는 성격차이 47.8%, 경제문제 14.2%, 가족 간 불화 9.0%, 배우자 부정 9.4%, 정신·육체적 학대 5.9%, 건강 문제 0.8%, 기타 19.3% 등이다. 보시다 시피 주된 이혼 사유는 성격 차이다. 모든 사람은 성격이 다르고 특히 부부로 사는 남녀는 성격 차이가 절대에 가깝도록 나기 마련이다. 성격 차이를 극복한 사람은 결혼을 유지하고 성격 차이를 극복하지 못한 사람은 이혼하게 된다. 성격 차이가 이혼사유가 아니고 성격 차이를 극복하지 못한 것이 이혼 사유가 된다. 성격 차이를 극복하는 것은 여러 수단이 있겠지만, 그중에 핵심적으로 그 하나가 소통방식이다. 소통방식 중에서도 핵심이 대화이다. 즉 부부 대화이다.

　이혼한 부부는 '비난', '방어', '경멸', '담쌓기'의 대화 구조로 되어 있다. 내가 연구하고 보니 나보다 먼저 연구한 사람이 있었다. 가트만(Jhon M. Gottman) 박사는 나와 다른 연구방식으로, 즉 부부관계가 좋지 않은 부부 3,000쌍을 대상으로 동영상 녹화해서 연구해 봤더니 '비난', '방어', '경멸', '담쌓기'의 소통구조로 되어 있다는 것이다. 덕분에 나의 연구는 빛을 보지 못하게 된 것이다. 굳이 기여한 것이 있다고 한다면 나는 근거이론으로 연구했다는 것이다. 다음의 대화를 쓰면 자신도 모르게 이혼하거나 이혼당하게 될 것이다.

- **상호비난(비난)** - 비판, 비평, 비난, 비교
  - "당신은 ~을 신중하게 생각할 필요가 있어요."
  - "당신은 게을러서~", "다른 남편(아내)들은~"
  - "다른 남편들은 돈도 잘도 벌어 오는데…."
  - → 상대방 느낌 → 무능감, 어리석음, 기죽음. 피하고 싶음 등

- **명령, 강요**
  - "(당신은) 반드시~", "(당신은) 꼭~", "~해야 한다."
  - "꼭! 돈 많이 벌어오세요."
  - → 상대방 느낌 → '돈이 인생의 전부인가?', 저항감, 반항심, 말대꾸를 증가시킴 등

- **논리적 설득, 논쟁**
  - "당신이 왜 틀렸느냐 하면~", "문제가 되는 것은~", "그래, 그렇지만~"
  - "문제점은 당신의 그 점이 잘못된 거예요."
  - → 상대방 느낌 → (그것도 못하는 바본가 봐!), 방어적 자세, 찬반논쟁, 열등감(무력감) 등

- **캐묻기, 심문**
  - "왜~", "누가~", "어떻게~"
  - "누가 그랬어요. 어떻게요?"

→ 상대방 느낌: (그것도 모르고 있다고 생각하는군…), 질문에 대답하면 비판받을 것 같은 압박감, 해결책을 제시해야 할 부담감, 대충 거짓으로(도망가고 싶음) 등

- **분석, 진단**
  - "남들(당신)은 ~이오", "당신은 단지 피곤한 거야."
  - "당신이 정말로 말하려고 하는 것은~ 그게 아니고~"
  - "당신은 매일 컴퓨터 게임만 해요?"
  - → 상대방 느낌 → (일자리도 알아봤거든…), 위협, 좌절, 불신감, 왜곡, 노출 두려움 등

- **충고, 해결 방법 제시**
  - "내가 말하고자 하는 것은~", "~하는 게 좋겠어요.", "내가 당신에게 충고(조언) 하겠지만~"
  - "내가 말하고자 하는 것은 이거야."
  - → 상대방 느낌 → (내 생각은 역시 별것 아니군!), 자신의 문제를 해결할 수 없다는 점을 암시, 스스로 할 수 있는 힘을 없앰, 의욕상실, 의존성, 저항성 등

- **경멸**(모독, 모멸, 판단) 사례 - 욕설, 조롱
  - "~야", "알았소! 당신 정말로 잘 났군요."

· "여보, 당신이 그럴 수 있소?"

→ 상대방 느낌 → (또 조롱이 시작됐군!), 사랑받지 못함, 가치 없음 등

· **근거 없는 칭찬, 찬성**

· "근거 없는 칭찬이나 찬성"

· "당신은 정말 대단한 사람이오."

→ 상대방 느낌 → (웬 꿍꿍이속이지? 나는 별 볼 일 없는 사람인데!), 교묘한 수단이
나 술책으로 느낌 등

· **경고, 위협**

· "만약 ~하지 않으면,", "~하는 게 좋을걸."

· "당신, 시정하지 않으면 그때는 이혼이오."

→ 상대방 느낌 → (내가 이혼하고 말지!), 위협, 복종, 원망, 분노, 반항을 불러
일으킴 등

· **방어**(받아치기, 변호, 합리화, 주지화) **사례**

1. 화제 바꾸기, 빈정거림, 후퇴

· "다른 즐거운 일이나 하자", "세상일 다 떠맡네!", "침묵한 채 외면"

· "다른 재미있는 것으로 합시다."

→ 상대방 느낌 → (나는 재미있는데…), 문제에 대처하기보다는 회피, 마음
을 닫음 등

2. 훈계, 설교

- "당신은 ~해야만 합니다.", "~ 당신의 책임이죠."
- "당신이 해야 할 일은 해야 하지요."
- → 상대방 느낌 → (죄책감), 의무감, 죄책감, 입장 고수 등

3. 동정, 위로

- "걱정하지 마라!", "앞으로 나아질 거야", "기운 내!"
- "기도해! 하나님이 알아서 하실 거야!"
- → 상대방 느낌 → (나를 기도 안 하는 사람으로 아나?), 이해(공감)받지 못한 느낌, 은근한 적개심 유발 등

4. 다양한 방어

받아치기, 변호하기, 합리화(rationalization), 전치(displacement), 주지화(intellectualization), 투사(projection), 왜곡(distortion), 퇴행(regression), 행동화(acting out), 반동형성(reaction formation), 수동공격(passive aggressive), 허세(show off), 예견(anticipation) 공격자와의 동일시(identification with the aggressor), 상징화(symbolization), 보상(compensation), 통제(controlling)

• 냉담

- 함구, 회피, 도망가기, 별거, 전화 않기, 취소(undoing), 모른 체하기(죽은 체 하기), 억압(repression), 부정(denial), 분리(splitting), 환치(displacement), 해리

(dissociation), 신체화(summarization)

이상으로 열거한 것은 자신이 모르고 은연중에 한다면 조금씩 이혼으로 가게 되는 경험을 할 것이다. 내용이 너무 많다고 생각되시면 하나만 기억해도 된다. 어떤 경우에도 배우자에게 스트레스 상황에서 비난을 하지 않아야 한다.

재혼을 하려면? | 서진환

　나는 재혼을 경험했다. 나는 20년간 행복한 초혼의 경험이 있다. 아내와 사별하고서 재혼하면 초혼처럼 매우 행복할 것으로 기대하고 재혼했다. 이렇다 할 재혼 준비를 하지 않고 재혼한 것이 잘못이었다. 내겐 재혼은 크나큰 고통이 되었다. 결과는 이혼이었다. 이것은 내게 아내와의 사별보다 더 큰 상실의 고통을 느끼게 했다. 아내가 죽어서 떠날 때는 주변에 위로하는 사람이라도 있었는데, 아내가 살아서 떠날 때는 위로해주는 사람도 없었다. 도리어 욕하는 사람만 있는 것 같았다. 죽어서 떠나는 아픔은 극복이 되었는데 살아서 떠나는 아픔은 극복이 너무 힘들었다. 나에게 이별은 사별보다 더 큰 아픔이었다.

　재혼하고 보니 재혼 준비가 매우 필요함을 알게 되었다. 재혼을 하고 보니 걸리는 것이 한두 가지가 아니었다. 열이면 열, 모두 걸리는 것을 경험했다. 생각, 습관, 성격, 가치관 등은 기본이고 같은 거라곤 찾을 수 없었다. 각자 나름대로 굳어져 있었던 터라 부딪치게 되면 해결이 나지 않았다. 거기에다 경제문제까지 겹치면 더욱 힘들 수밖에 없다. 그러니 끝장이 나야 해결인데 그것이 바로 이혼이 아니던가? 재혼이 문제가 많다는 것은 재혼을 경험해봄으로 절실히 느꼈다. 내가 이혼을 연구한 것도 궁극적으로 재혼한 사람들에게 좋은 소식과 도움이 되고 싶었기 때문이다. 그래서 재혼할 사람들을 대상으로 '새혼' 아카데미를 열기 위해서 7권의 책을 집필하고 이를 바탕으로 재혼 교육을 하려고 한다. '새혼' 아카데미 서문 일부를 발췌하여 소개하겠다.

> 재혼이라고 할 것이 아니라 '새혼'이라고 해야 한다. 이혼이나 사별한 후, 다시 혼인하는 것을 재혼이라고 한다. 현재, 재혼자가 이혼하는 비율이 미국이 85%, 한국은 낮게 잡아도 80% 이상이 이혼을 한다고 한다. 이는 재혼에 대한 철저한 준비가 없었음을 알려주는 지표라 하겠다. 한 번의 결혼 실패로도 삶이 힘든데 또다시 이혼으로 이어진다면 그 삶은 더욱더 힘들어질 수밖에 없다. 다시 결혼하려는 사람에게, 재혼은 새혼이어야 한다. 새혼이라 함은 진정한 행복을 누리기 위하여 새로운 마음가짐으로 결혼하는 것을 의미한다. 새혼이 되기 위해서는 철저한 결혼준비가 필요하고 중요하다. 그래서 재혼이라고 할 것이 아니라 새혼이라고 해야 한다.

한가족 새혼 아카데미

A Big Family-Academy for Remarriage, ABFAR

한가족 새혼 아카데미는 새혼을 준비하기 위한 학교이다. 본 과정은 이혼의 걸림돌이 새혼에서는 디딤돌이 되도록 준비하는 과정이다.

본 교육과정은 부부 새혼 준비 입문, 부부 성품 개발, 부부 의사소통(부부대화), 부부 갈등 및 해결, 부부의 구별된 성, 부부 재정 관리, 재혼부부의 역할 등 총 일곱 과목으로 구성되어 있다.

• **한가족 새혼 아카데미(ABFAR) 기대효과**
  · 새혼에 대한 자신감 확보
  · 부부갈등 해결능력 증진
  · 인간관계 능력 향상
  · 자존감 향상
  · 자기 효용감 증진

• **부부 새혼 준비 입문**

재혼을 앞두고 먼저 이혼을 경험할 수밖에 없었던 자기 이해가 필요하다.

설령 자신이 비록 이혼을 억울하게 당했다고 하더라도 자신이 왜 이혼을 할 수밖에 없었는지 자기성찰을 통한 자기이해가 필요하다. 이혼자들에게는 자기도 모르는 이혼 도식이라는 것이 있다. 이를 알고 스스로 다스리지 못한다면 다시 이혼할 확률은 99%일 것으로 예측한다. 그 외에도 재혼을 꼼꼼히 준비해 할 사항들이 많다.

• **부부 성품 개발**

이혼의 걸림돌이 될 수 있는 자신의 성품을 구체적으로 알아두어야 할 필요가 있다. 부부는 성격과 성격의 만남이기도 하다. 이혼으로 이어지는 자신의 성격을 이해하고 극복할 수 있는 방법을 파악하고 있어야 부부가 성격적으로 부딪칠 때 극복할 수 있게 된다.

참고로 나의 이혼 연구에 의하면 이혼으로 가는 문제가 되는 성격은 아래 내용들이다.

1. 자기중심적 성격(자기중심적 성미, 고집스러운 성미, 잘못 인정 않는 성미)
2. 투사적 성격(의심하는 성미, 비난하는 성미)
3. 이탈적 성격(모난 성미, 거짓된 성미, 게으른 성미)
4. 비타협적 성격(강경한 성미, 소심한 성미, 신앙 습관 차이)

• **부부 의사소통**(부부 대화)

스트레스 상황에서 부부가 의사소통을 원만히 할 수 있는 대화법이다.

부부간에 의사소통을 하는 것이 참으로 쉬울 것 같은데 참으로 어려운 것이 부부 사이의 의사소통이다. 부부 의사소통은 구체적으로 훈련하지 않으면 실제로 능력을 발휘하기가 어렵다. 특히 부부가 스트레스 상황에서는 매우 역기능적인 소통방식을 하고 있기 때문에 이를 미리 알고서 이것에 걸려들지 않아야 하며, 이는 구체적으로 훈련하지 않으면 극복하기 힘들다.

• 부부 갈등 및 해결

재혼생활에서 부부가 갈등해야 할 것들(갈등요인)에 대해, 이를 원만히 해결하는 방법을 미리 숙지해둔다면 실제 상황에서 도움이 많이 된다. 재혼 부부간, 계자녀 간 등 재혼관계에서 일어날 수 있는 것 등 실제 상황에서 어떻게 대처해야 할 것인지 준비하는 과정이다.

• 부부의 구별된 성

건강한 부부 성 의식 개발이 필요하다. 이혼은 겉으로는 성격의 문제, 속으로는 성의 문제라고 볼 수 있다. 속궁합을 맞출 수 없는 부부는 부부로서 속 빈 강정이라고 생각한다. 부부의 성문제를 바로 파악해두고 자신이 성적으로 문제될 수 있는 것에 대해 점검해둘 필요가 있다. 성은 대체로 제대로 학습한 바가 없으므로 성에 대해 왜곡된 신념과 인식이 많음을 볼 수 있었다.

• 부부 재정 관리

재혼부부가 재정 관리를 어떻게 할 것인가에 대해서 미리 잘 알아두고 준비해야 한다. 재혼에서 주로 문제가 많이 되는 것이 재정문제이다. 용돈에서부터 재산 및 재정 관리는 어떻게 할 것인지 구체적으로 알아두는 것이 매우 유용하다.

- **재혼부부의 역할**

재혼부부는 각자 역할이 있다. 재혼과 초혼은 여러 가지로 매우 다르다. 초혼에서 경험하지 못한 역할이 등장한다. 계모, 계부, 계자녀 등 관계에서 어떻게 자신의 역할을 잘 감당할 것인지, 갈등이 생겼을 때 어떻게 대처해야 할 것인지 미리 학습해둘 필요가 있다.

이상으로 새혼 아카데미의 책 제목 중심으로 재혼준비를 어떻게 해야 할 것인가에 대해 간략하게 소개하였는데 이외에도 행복한 재혼을 위해 꼼꼼히 준비할 것이 많다. 준비되지 않은 재혼은 행복의 길이 아니라 불행의 길을 자초할 수도 있다. 그러나 준비된 재혼은 행복할 뿐만 아니라 초혼보다 더 행복할 수 있다고 본다. 그것은 현재 나의 실제 경험이기도 하다. 글을 마감하면서 '준비된 재혼은 행복하다!'고 강조하고 싶다.

| 서진환 |

사별 후 재혼에 실패하자 이혼에 대한 연구를 하여 상담학 박사가 되었다. 이혼연구 결과로 주된 사유는 성격 차이다. 성격 차이를 극복하지 못하는 주된 원인이 부부 대화이다. 이혼을 극복하고 부부관계의 질을 높이는 대화법을 만들어 상담현장에 적용하여 좋은 효과를 올리고 있다. 상담대학원의 외래강사 활동과 부부상담을 통해 데이터를 축적하고 있다. 향후 이를 책으로 발간하기 위하여 준비 중이다.

일하는 여성의 행복한 가정 만들기 | 최영귀

    나는 1969년을 시작으로 직장생활 30년과 사업 15년, 합하여 총 45년 동안 일을 하였다. 이렇게 오랫동안 일하게 된 주된 동기는 결혼과 동시에 4대가 한집에 살게 된 데서 기인했고, 나의 개인의 성향도 있었던 것 같다. 여성인 내가 일을 하면서 겪었던 어려움, 즉 가족 간의 관계를 슬기롭게 풀어가기 위해 노력한 경험을 이야기하고자 한다. 1982년 당시, 내 나이는 32살, 아들 7세, 딸 4세를 두고 있었으며 삼성생명에서 근무할 때의 일이다.

• 자녀

    두 아이에게 주간별로 성과제를 도입했다. 그 시절에 있었던 1982년 캘린더는 일자별로 만들어져 있어서 성과제를 활용하기에 용이했다. 아이에게는 본인이 꼭 해야 할 일을 다음과 같이 정해줬다.

- 이부자리 정리하기
- 학습지 풀기
- 일기 쓰기

이 일을 달성하면 스티커를 부착해주고 주말에는 포상으로 자장면과 탕수육을 사주며 성과를 칭찬했다. 반면에 학습지가 밀렸을 때는 완성할 때까지 잠을 재우지 않고, 옆에 앉아서 독려했다. 나도 하루 종일 일을 하고 귀가하였기 때문에 몸이 무척 피곤했다. 물론 밀린 학습지를 완성하는 동안 옆에 지키고 앉아 있는 것이 무척 힘들었지만, 한 번도 규칙을 어기지 않고, 지속적으로 일관성 있게 밀고 나갔다. 이런 꾸준한 관리를 통하여 자립심과 긍지를 갖게 된 두 아이 모두 잘 성장하여 현재 직장에 잘 다니고 있다.

● Tip

· 아이와 함께 규칙을 만든다.

· 규칙은 일관성 있게 지켜야 한다. 잘했을 때는 약속한 보상을, 잘못했을 때는 미리 정한 규칙에 따라 실행한다.

· 엄마의 기분에 따라 이 규칙이 지켜졌다가, 지켜지지 않았다가 해서는 효과를 볼 수 없다. 아이들은 자기 살길을 귀신같이 안다.

· 시어머니

내가 매일 일을 하러 나가다 보니, 아이들 양육은 시어머니가 도맡아서 해주셨다. 아이 두 명을 돌보기란 예나 지금이나 무척 힘든 일이다. 육아가 힘에 부치다 보니, 주말이 가까울수록 어머니께서 짜증을 더 내시는 것을 알게 되었다. 주말에는 나도 집에서 충전을 해야 하는데, 어머니의 기분이 언짢아서는 주말 내내 가족이 행복하게 지낼 수 없었다. 생각 끝에 주말에 내가 편하게 지낼 수 있는 방법을 도입했다. 그것은 바로 돈을 드리는 방식을 바꾼 것이었다. 원래 나는 한 달에 한 번 어머니께 용돈을 드렸다. 그런데 이것을 월급제에서 주급제로 변경하고 매주 금요일에 지급하였다. 어머니에게는 육아로 힘이 드셔서 짜증과 스트레스가 최고조로 쌓이는 금요일이 돈이 들어오는 날로 바뀐 것이다. 힘이 들어도 돈을 받으시면 마음이 많이 풀리셨다. 이 방식은 무척 효과적이었다.

이렇게 주말을 어머니와 즐겁게 보내게 된 다음에는 내가 근무하는 사무실에 어머니를 초대했다. 며느리가 무슨 일을 하고 있는지 보여드렸다. 어머니는 내가 근무하는 사무실에 다녀가신 후, 며느리가 하고 있는 일을 여기저기 홍보하기 시작하셨다. 어머니가 소개해주는 분이 있으면, 어머니께 반드시 보답을 했다. 그랬더니 어머니는 더욱 적극적으로 활동하셨다. 이렇게 며느리 일에 참여하게 되므로 자연스럽게 나의 협력자가 된 것이다.

● Tip
· 나 대신 시어머니나 친정어머니가 아이를 양육하고 있다면, 반드시 물질적으로 보상을 해드려라. 상황에 맞게 월급제 혹은 주급제 모두 고려해보라
· 며느리가 무슨 일을 하고 있는지 자주 알려드려라. 어른들이 정확하게 기억하지는 못해도 일하는 자식에 대한 이해심이 높아지는 데에 도움이 된다.

· 배우자
요즘은 시대가 바뀌어 여성이 일하는 것이 필수처럼 되었다. 그래서 남편도 비교적 공평하게 집안일을 하고, 아내의 바깥 활동에 대해 많이 이해한

다. 하지만 내가 일을 하던 그 시절에는 그렇지 않았다. 모두 눈치챘겠지만, 제일 힘든 상대는 남편이었다. 사사건건 시비였다. 귀가시간, 립스틱 색깔, 옷차림 등 뭐하나 참견하지 않는 것이 없었다. 잔소리하지 않는 것이 없었다. 그래서 방법을 생각했다.

일단 남편을 내가 하는 일의 매니저로 활용하였다. 일상에서 일어나는 일들을 모두 말해주고 상담을 요청하면서 대화를 나눴다. 해결책을 알려주는 남편을 치켜세웠다. 남편을 칭찬하는 한편 나의 일이 쉽지 않다는 것을 남편에게 지속적으로 알게 해줬다. 남편을 나의 일에 적극적으로 참여하게 만들었더니 내가 바깥에서 일하는 것이 전보다 훨씬 수월해졌다.

주말이면 자주 여행을 떠났다. 특히, 결혼기념일에는 무슨 일이 있어도 서울근교에 가서 1박을 했다. 지난 1년간의 일들을 편지로 나누기도 하면서 나의 마음을 전달했다. 결혼기념일은 남편이 아내에게만 베풀어야 하는 날이 아니다. 나는 내가 결혼기념일의 모든 이벤트를 준비했다. 나는 내가 일을 하기 때문에 겪을 남편의 어려움에 대해 미안해하고, 고마움을 진심으로 표현했다. 그래서 내가 1년을 버틸 수 있게 하는 든든한 지원군을 해마다 정기적으로 얻을 수 있었다.

● Tip

일하는 여성은 힘들다. 일 때문에, 일로 만나는 사람 때문에, 집으로 돌아와도 쉴 수 있는 것이 아니라 다시 두 번째 일이 시작되기 때문에 힘들다. 힘든 상황이지만 그래도 조금은 긍정적으로 생각하자. 내 편을 많이 만들 방법을 생각하고 전략적으로 실천하자.

가족이 편안해야 나도 즐겁게 일할 수 있다.

● Tip - 부부가 즐기기 좋은 등산과 여행지

지역	여행지	맛집
경기도	가평 연인산과 제이드 가든 수목원	송원 막국수 (가격 8,000원) Tel: 031-582-1408
	포천 운악산과 신북온천	대대손손묵집 (정식 15,000원) Tel: 031-542-6898
충남	서천 신성리 갈대밭과 춘장대 해수욕장	홍원항 서일 횟집 (4인 한 상 기준 120,000원) Tel: 041-952-3343
전북	선운사와 채석강 (해안도로 이용하면 절경임)	신덕신당 장어구이 (1인분 32,000원) Tel: 063-562-1533
전남	해남 대흥사와 무안 세발낙지	세발낙지 구매 (구매하여 인근 톱미리 펜션 이용) Tel: 061-452-1265 청평수산(음식점) Tel: 064-454-2569 귀경길 재래시장 경유하여 섬초 구매, 시금치 맛이 좋음.

강원도	평창-정선-삼척대금굴 -양양낙산사-휴휴암	**평창 송어회** (1인당 25,000원) Tel: 010-332-9514 구이도 일품. **횡성메밀촌** Tel: 033-342-3872 우리밀로 만듦, 먹거리X파일에 방영된 음식점. **양양 남매횟집** (4~5명 100,000~120,000원 정도) 저렴하면서도 자연산임. Tel: 033-671-7265

|최영귀|

여성이 일하는 것이 보편화되지 않은 시대에 직업 전선에 나갔다. 일에서는 영업의 귀재라 불리며 열심히 일을 해온 열혈인이며, 가정 또한 현명하게 잘 꾸리며 살아왔다. 지금도 일, 봉사활동과 여가생활로 매일 바쁘게 지내고 있다.

새로운 시대, 새롭게 시작하는 효 | 권해정

소유권 이전 등기 청구 소송

2003년 12월, A씨는 아들에게 자신이 소유한 2층 주택을 물려주면서, 아들은 A씨에게 '부모님과 같은 집에서 살며 부모를 충실히 부양한다. 그러지 않을 경우 계약 해제나 기타 조치에 관해 이의를 제기하지 않는다'는 내용의 각서를 썼다고 한다. A씨는 아들에게 경기도에 소유한 임야와 회사의 주식도 물려줬고, 소유하고 있던 부동산을 팔아 빚도 갚아주었으며, 한 주택 1, 2층에 살게 됐다고 했다. 그러나 재산을 물려받은 아들의 태도는 달라졌고, 같은 집에 살면서도 부모와 함께 밥을 먹지 않았고, 집안일은 가사도우미가 다했으며, 허리디스크로 고생하던 A씨 부인의 건강이 급속도로 악화되었는데도 아들은 부모님을 자주 찾아오지도 않으면서 A씨 부부에게 요양시설 입원을 권유했다. A씨는 주택을 팔아 A씨 부부가 살 집을 마련하기 위해 아들에게 "물려준 주택을 다시 내 명의로 돌려달라"고 요구하기에 이르렀다. 아들은 "천년만년 살 것도 아닌데 아파트가 왜 필요하냐"며 막말을 퍼부었다고 한다. 이로 인해 A씨 부부는 거처를 딸의 집으로 옮기고 아들을 상대로 소유권이전등기청구 소송을 냈다고 한다.

위의 사례는 부모가 자식에게 재산을 물려주는 조건으로 효도할 것을 약속받았으나, 이 계약(효도계약서: 법률 용어는 아님)을 자녀가 이행하지 않아 생긴 소송 건이다. 이 사건의 승소 여부를 떠나 첫째, 효도계약서가 점점 늘고 있는 사회적 추이와 둘째, 효도를 다하지 않는다 하여 법정으로까지 간 불효청구소송건수가 2005년 151건에서 2014년 262건으로 매년 증가하는 추세(강원일보 2016.01.08일 자 7면)에 대해 생각해보고자 한다. 그리고 이를 위한 불효자방지법(재산을 증여받은 자녀가 부모를 봉양하지 않을 시 이를 환수할 수 있도록 하는 법)이 발의까지 된 현시대의 효에 대해 되짚어 보고자 한다.

사람들의 모든 관계는 어느 정도 이해관계를 갖고 맺어진다. 이해관계 여부에 따라 깊이 있는 사귐과 헤어짐을 선택할 수가 있다. 그러나 부모와 자녀의 관계는 하늘이 맺어준 천륜이다. 내 핏줄을 이어주는 유일한 나의 피붙이며 살붙이로 이해의 득실을 따질 수 없는 관계이다.

그럼 이제부터 최근에 사건화되었던 '효도계약 안 지킨 아들'과 법적 소송을 한 위의 사례를 가지고 나의 증조할머니 시대에서 나의 세대를 이어오면서 그 시대상을 엿보고 효에 대한 생각들이 어떻게 바뀌어 왔는지도 살펴보도록 하자(참고로 나는 베이비부머 세대 부모를 둔 1988년생 올림픽둥이다).

• 1세대, 증조할머니 시대의 효

조선말 성리학의 효는 부모를 잘 섬기는 정신이다. 부모를 봉양하고, 공경하며, 복종하고, 조상에게 봉제사奉祭祀하는 일이 효이다. 효사상이 가문의 중추적 구심점이었던 증조할머니의 세대는 해방을 맞이하여 신문물을 받아드렸던 혼란의 시대였다. 신문물을 받아들이기 위해 부단히 노력했던 고단한 시대였던 것 같다. 이념의 갈등으로 일어난 한국전쟁은 부모도 인척도 서로 죽여야 했던. 대혼란의 격변기였다. 증조할머니 세대의 효는 어떠하였을까? 한국전쟁으로 살아남은 것 자체가 기적이었고, 그 기적을 이룬 자들이 남겨진 삶의 터 위에 같이 일궈서 먹고 살아야 했고, 살아남기 위해 앞만 바라보고 달려오신 분들에겐 살아 있는 것 자체가 기적이었고 효였다. 한국 전쟁은 우리의 효 사상을 뒤흔든 크나큰 사건이었다.

- **2세대, 할머니 시대의 효**

"잘 살아보세!"를 외치며 이른 아침부터 빗자루 들고 마당 쓸면서 옛 과거를 청산하고 새로운 역사를 쓰기 위해 안간힘을 다해 살아온 세대이다. 그때의 부모와 자식의 관계는 무엇이었을까? 자식은 부모의 유일한 희망이지 않았을까? "나는 지금 힘들지만 자식의 시대는 지금보다 더 나은 삶이 될 것이고, 그로 인해 내 노후도 내 노고를 인정한 자식에 의해 편히 살 수 있으리라." 이런 생각으로 물불 가리지 않고 오직 잘 살아보세 구호만을 외치며 달려오신 분들이다.

우리의 할머니들은 잘 살아보자고 외쳤던 시대에 집안 살림은 그들의 어머님(나의 증조할머님)께 맡겨놓고 뭐든 열심히 일해야만 했다. 부모는 그들의 세대에서는 꼭 필요한 존재였다. 그들의 부모가 집안을 지켜주었기에 가정외 풍요를 가져올 수 있었다. 그러나 고마움을 알면서도 다시 전통적 효를 강조하는 그들의 부모와 평등을 외쳤던 사회 변화 속에서 내적 갈등이 생겨나기 시작한 시기이기도 하다. 사회에서 평등을 외쳤으나 가정에서는 가부장적이고 상하주종의 유교적 효 사상이 지배적이었으니 말이다.

• 3세대, 어머니 세대의 효

어느 시대보다도 배움의 혜택이 열려 있었던 세대이다. 그 배움의 중심에는 평등이라는 사상이 있었다. 모든 면에서의 평등 말이다. 그 평등은 상하관계를 수평관계로 인식하게 만들었다. 그러기에 부모와 자녀와의 관계는 어떠해야 하는지를 가장 많이 고민하고 혼란스러워했던 세대이다.

평등관계를 맺자니 효 사상과 부딪히게 되고 효 사상만을 주장하자니 현실에서 부딪히는 많은 문제가 생겼다. 경제적 부을 외쳤던 산업화 시대에 직장 따라 집이 나뉘게 되고, 집이 나뉘니 안부가 소홀해지게 되고, 소홀한 안부로 서로 간의 갈등의 골은 깊어져만 가는 핵가족화 세대였다. 그러면서 나도 나중에 어머니를 모셔야 하는가? 하는 물음으로 많은 부담을 갖고 살아가고 있다. 사회적 흐름 또한 노후복지는 국가에서 관리해 주고 책임져 주는 방향으로 바뀌고 있다. 이런 시대적 흐름은 조부모의 효에 대한 사고방식도 바꿔 놓았다. 노후에 자식과 같이하지 못한다는 사실을 인정하면서도 동시에 같이하고 싶다는 욕구적 충돌이 공존하는 갈등의 세대이다.

지금 위 사건은 할머니 세대의 사고방식과 나의 어머니 시대의 사고방식의 충돌이라 생각된다. 전통적인 효 사상으로 효를 강요하고 효를 미끼로 부모님이 힘들게 이룩한 재산을 탐하는 세대의 갈등으로 바라보게 된다. 이 사건을 바라보면서 이들 세대는 불효자라고 단정 지을 수만은 없는 복잡 미묘한 감정이 소용돌이치고 있을 것이다. 1인 가구 증가와 독거노인 가구의 증가는 전통적 효 사상이 가족 간의 구심점이 되지 못한다는 것을 증명하고 있는 사회적 현상이라 할 수 있겠다. 그런데도 새롭게 바뀌고 있는 가족문화와 자녀관계에 올바른 방향을 제시하지 못하는 혼란의 세대이다.

• 4세대, 우리 시대의 효

경제적 환경은 우리나라 역사상 최고의 호황기였고, 풍요의 시대였다. 그들은 노력하면 무엇이든 이룩할 수 있었고, 그 노력의 대가는 기대 이상의 성과로 돌아온 세대이지 않은가? 공부는 환경을 바꿀 수 있는 기회적 수단이라 생각한 부모님은 오로지 자식 공부에 매달렸다. 그리고 그들이 이룩한 경제적 풍요로움은 자식에게 기대지 않아도 된다고 생각한 우리 역사상 최초의 세대인지도 모른다.

우리 세대가 바라보는 효는 평등한 지위로 서로를 수평적 관계로 바라보려 한다. 부모님은 부모님이고 나는 나이다. 고로 우린 공통된 사람으로 각자 서로 다른 삶이 있고, 서로 다른 삶을 인정하고 존중하여 주어야 하며, 상호 협조적인 관계를 요구하고 있다.

그런데 우리의 현실은 어떠한가? 힘들게 공부해서 일해보고자 아무리 노력해도 일할 곳이 없고, 일자리가 없어 내일을 희망할 수 없으니 결혼도 못하고 있다. 수저 계급론이 나돌고 있다. 젊은 우리들의 최대 고민거리 취업, 결혼에 빗대었다. 우리 부모님 세대의 경제적 풍요와 맞물리면서 우리를 씁쓸하게 만든 가시 박힌 유머이다. 금수저는 굳이 취업하지 않고도 부모가 물려준 재산으로 살 수 있고 부모님이 용돈, 집, 직장까지 구해준다. 부모가 남겨주는 풍족한 유산은 덤이다. 은수저는 부모가 건실한 직업을 가지고 있어서 적당히 일해도 결혼하고 살아가는 데 지장이 없고 혼기가 되면 부모가 집 사주고 아이 봐주고 노후 준비가 돼 있고 나중에 아파트 한 채정도 상속해 줄 수 있다. 동수저는 부모 집이 2억 이상이고 자식에게 서울집은 못 사줘도 전세 정도는 해 주고 노후 걱정이 있기는 하지만, 자녀들에게 손 안 벌리고 살 정도이다. 흙수저는 물론 금·은·동수저도 들지 못한 바로 나, 우리들이다.

그러나 기억해야 할 것은 경제 독립이 형성되지 못한다면 위의 사례는 나에게 되돌아올 것이다. 나의 세대에도 효도계약서가 나돌 것이며, 불효자방지법이 부모와 자녀 관계를 성립시켜 줄 가장 큰 방패막이 될 것이다.

• 새로운 시대의 새로운 효

효란 무엇인가? 유교적 가르침을 기본으로 한 일방적인 군림으로 권위에 바탕을 둔 종족 윤리로 조선시대의 사상적 기반이었다. 오늘날의 인간 평등과 존엄성을 중시하는 윤리사상과 어긋난다는 비판을 받게 되었다. 그렇다면 이제 더 이상 전통적 효로 부모와 자식 관계를 옭아매어야 하는 시대는 아닌 것 같다.

이제 부모 자식관계의 역사를 새롭게 써야 한다고 생각된다. 인위적인 효가 아니라 자연적인 정을 바탕으로 한 천륜적 사랑으로 말이다. 조건 없는 사랑을 바탕으로 부모는 자녀가 올바른 성인이 될 때까지 물심양면으로 양육하여 부모의 도리를 다하여 독립된 사회 구성원이 될 수 있도록 하여야 한다. 성인이 된 자녀가 올바른 가정을 이끌 수 있도록 한발 치 물러서 정서적 지지자로 응원하여 주어야 한다. 독립된 인격으로 서로 평등한 관계에서 대등하게 바라보아야 한다. 그리고 부모 재산은 자식의 재산이 될 수 없다는 경제 독립성을 어렸을 때부터 확립시켜 주어야 한다. 또한 자녀는 자신을 낳아 준 부모이기에 항상 공경하고 존중하여야 한다. 그리고 독립된 자아로 성숙한 성인이 되어야 할 것이다. 이것이야말로 슬픈 효도계약서가 다시 나오지 않을 최선의 예방법이 되지 않을까 싶다.

• **새로운 효 문화 창출을 위한 사회적 역할**

아직도 조선시대의 효 사상을 기준으로 부모와 자식 관계를 선동하지 말고 새로운 부모 관계상을 홍보하여 더 큰 비극이 일어나지 않는 정책을 펼쳐야 한다. 우리는 조선시대에 살지 않으며 새로운 역사를 쓰고 있는 새 시대를 살고 있다. 더욱더 적극적인 정책으로 노후 여가생활과 친목생활을 위한 노인정, 노인대학 활성화로 효율적인 교육 프로그램을 통해 부모 자신도 독자적인 생활체계를 구축할 수 있게 하고 지역사회 복지관이나 상담소에서는 실질적이고 구체적인 의사소통 기술과 방법을 교육하여 성숙된 인간관계를 맺는 데 도움을 주어야 한다. 마지막으로 우리 시대의 부모와 자녀 관계를 재해석한 상하 주종관계가 아닌 인간 평등 사상의 눈높이에서 서로의 이해와 배려와 존중과 공경 관계를 대중 매체 등을 통해 홍보하고 교육시켜야 한다. 노쇠하여 도움이 필요한 부모는 사회에서 만들어 놓은 노후 복지시스템을 누구나 이용할 수 있게 하여, 자녀의 심리적·경제적 위축 때문에 부모를 회피하여 찾아뵙지 못하는 상황을 만들지 않아야 한다.

● Tip

성공적인 부모와 자녀 그리고 사회를 위한 시소 이론

시소의 수평적 관계

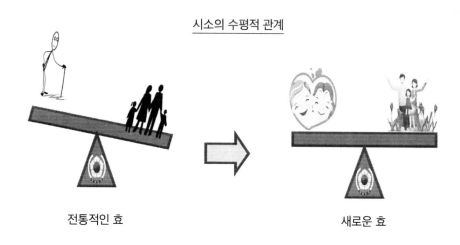

전통적인 효   새로운 효

시소는 수평적 관계를 위해 존재한다. 기울어진 시소는 상하관계를 형성한다. 일방적 힘의 관계는 아랫사람을 힘들게 할 뿐 아니라 윗사람 또한 외롭고 고립되게 만든다. 아래를 내려본 부모세대는 이제 눈높이를 낮추어 자녀 세대에 맞추고 배려와 이해를 바탕으로 존중하여 준다.

자녀 세대는 낳아준 부모님에 대한 진심 어린 공경과 지금껏 살아오신 경험을 존중하고 아이들의 정서적 지지자로 큰 역할을 담당할 수 있도록 기회를 제공하여 준다. 지금같이 할 수 있다는 것에 감사하며 떨어져 있어도 가족이라는 소속감이 들 수 있도록 자주 안부를 전한다.

새로운 가족의 수평적 관계 형성을 위해 정부는 올바른 구심점이 되어 주어야 한다. 부모와 자녀관계가 수평적이라 해도 사회적 제도가 이를 뒷받침되지 못한다면 수평적이었던 관계도 다시 기울어지기 마련이다. 젊어서 열심히 일하여 사회 구성원으로서 의무를 다한 대가로 잘 설계된 노후 복지시스템을 불편함 없이 이용할 수 있도록 한다. 이렇듯 삼위일체가 된 정책시스템은 가정을 지키고 노후를 보장하여 행복하고 건강한 사회를 구현할 수 있으리라 생각한다. 그리고 수평적 관계는 서로의 사랑으로 삶을 더욱 풍성히 해 줄 것이라 나는 희망한다.

마지막으로 이재무 시인의 시로 다시 한 번 시소의 의미를 되새겨 보며 더 큰 깨달음과 변화를 기대해 본다.

| 권해정 |

부모가 되어 자식을 키운다는 것은 독립적인 인간이 될 수 있도록 뒷받침하는 것이라 생각하는 한 사람. 오늘도 나름의 정성과 사랑을 다 쏟으며 내게 주어진 시간 안에서 아이들과의 좋은 추억을 저축하기 위해 열심히 노력하며 살아가고자 애쓰는 이 땅의 부모 중 한 명이다.

시소의 관계

이재무

놀이터 시소 놀이하는
아이들 구김살 없이 환한
얼굴 넋 놓고 바라다본다.
저 단순한 동어 반복 속에
황금 비율이 들어 있구나
사랑이란 비율이 만드는 놀이
상대의 무게에 내 무게를
맞출 줄 알아야 한다.
엇나가기 시작한 관계들이여,
놀이터에 가서 어린아이로
시소에 앉아 보아라
놀이에 몰두하는 아이들은
그러자는 약속, 다짐도 없이
서로의 무게를 받들 줄 안다

양육으로 힘든 조부모와 손자녀 관계 | 권해정

힘든 양육에도 불평 듣는 할머니

A: 에구, 내 아무리 잘해봤자, 맨날 욕먹는다 아이요. 밥만 챙겨 먹이기 힘들어 라면 한 끼 먹였더니 얼마나 지랄하는지. 그라믄 지가 키울 것 이지.

B: 맞다. 엄마인 나도 너무 힘이 들면 라면 끓여 먹인다. 에구, 좋은 엄마 가 되지 못함을 자책해야겠다.

A: 내 참말로 우리 집에 내려가고 싶어요. 지난 주말에 애 데리고 놀이동 산 간다고 해서 날이 쌀쌀하니 좀 두껍게 입혀 가래 했는데, 돌아다니 면 덥다면서 얇게 입히고 나갔다 오더이 고만 감기가 걸렸는기라, 그런 데 내 감기약 한 번 안 먹였다고 전화로 어찌나 난리를 부리던지 나 참 기가 차서. 지들이 애들 간수 잘못해가 감기 걸려 와 고생하게 하 고는 나한테 화풀이 하는기라. 내 말은 죽어도 안 들어요. 그리고 불 똥은 나한테 튀는 기라. 무신 이런 경우가 다 있노?

B: 나 또한 삼시 세 끼 챙겨주고 간식거리 챙겨주느라 깜빡 잊어버리고 제때 약 못 먹일 때가 있는데, 그러고 보니 참 무심한 엄마였다.

손자녀 양육 스트레스로 인한 우울증

A: 내 우울증으로 죽는다고 하는 것을 어제 아침에 당해 보니 그 심정 알 겠더라고. 온몸에 힘이 쫙 빠져서 내가 지금 뭐하나 싶은 게, 모든 게 귀찮아지는 거야. 애들도 다 싫고, 손주들도 다 싫고, 자꾸 슬퍼지고, 기운이 빠져서 일어나지를 못하겠더라고.

B: 어머 그러셨어요? 그래서 어떻게 하셨어요? 그럴 때일수록 햇볕을 보 면서 바람 쐬라고 하던데요.

A: 계속 눈물만 나길래. 안 그래도 그 생각이 나더라고, 햇볕을 보면 기분 이 좋아진다고. 전에 텔레비전에서 어느 박사가 한 말이 생각나서 한 참 멍하니 있다가 이러면 정말 죽겠다 싶어서 힘내서 공원에 나가 봤 지. 그랬더니 좀 낫대. 그때는 딱 그만 아파트에서 뛰어내려 죽고 싶다 는 생각뿐이더라고.

B: 어휴, 애들 보기 힘드시죠? 저도 힘든데 얼마나 힘드시겠어요. 아이들 방과 후 돌봄 좀 시키고 유치원도 돌봄 교실 있으니깐 그런 거 이용해 보세요. 그러다 더 큰 병 나시겠어요.

A: 저 녀석들이 어찌나 부산스러운지. 조금도 가만있지를 않아. 안 그래 도 애 엄마가 이번에 학원 좀 줄이고 선생들도 집으로 들이고 했어. 그 러니 조금 숨통이 트이는 거야.

B: 잘하셨네요. 진작 그렇게 하셨으면 좋았을 걸요.

A: 이번 1학년 입학하고, 얼마나 학원으로 많이 돌리던지 내 진짜 죽겠더 라고. 요일마다 학원도 다 달라서 어디로 가야 하는지도 까먹어서 딸

내미한테 혼나고, 그 후에 딸내미가 요일마다 어디 어디 가라고 써주는 기야. 하루에 3~4개를 보내, 나참.

B: 요즘 애들 그렇게 다니니깐 애 엄마도 그랬나 보네요. 근데 할머님이 돌보시기엔 무척 힘드셨을 것 같네요.

A: 이제 좀 줄여서 2~3개야. 집으로도 오고. 둘째 손주가 1학년에 올라가면 좀 나을까?

B: 7살만 돼도 좀 더 나아질 거예요.

• **조부모 양육에 대한 손자녀의 이해**

A: 할머니니깐 이해해. 할머니 말씀 잘 따라야지. 알겠지? 안 그러면 할머니 내려가신다 말이야.

B: 몰라! 할머니 집으로 가셨으면 좋겠어.

A: 이 녀석이!

서울아산병원 노년내과 이은주 교수는 "맞벌이 자녀의 아이를 키워주다가 건강에 문제가 생기는 노년층이 많다."며 "약해진 체력으로 아이를 보다가 신체에 무리가 오는 경우가 흔하고, 대화 상대가 되지 않는 아이와 하루 종일 지내다가 우울증에 걸리기도 한다."고 말했다. 지난해 우리나라의 0~3세 영·유아의 70%, 미취학 아동의 35%는 낮 동안 조부모나 외조부모가 돌본다(보건복지부, 아동보육실태조사, 2009). '황혼 육아'로 인한 노년층의 건강문제가 계속 심각해질 수 있는 상황이다.

오늘날 부모들은 조부모에게 손자녀의 주 양육자가 되어주기를 바란다. 양육은 육체적으로, 정신적으로 많이 힘들다. 아무리 좋은 조부모관계여도 그사이에는 틈이 생기고 불만이 쌓이기 마련이다. 부모인 나도 하루에 몇 십 번씩 소리를 지른다. 문을 박차고 나가고 싶어진다. 그리고 후회하기를 반복한다.

"안 먹으면 먹이지 마!"라고 쉽게 내뱉은 말이 참 무책임했구나 싶다.

"TV 보여주지 말고, 책 좀 읽어줘!" 그래, 그러고 싶어 목이 아파 쉰 소리가 나도록 책을 계속 읽어주는 것이 얼마나 힘에 부치는 일인지 모를 것이다. 그래서 아이가 잘 때 좀 쉬고 싶어도 쉬지 못한다. 아이가 일어나기 전에 어질러져 있는 것을 조금이라도 정리해놓아야지 하는 생각에 열심히 청소하고 있는데 아이가 불쑥 일어난다.

육아는 힘겹다. 그러나 그 힘듦을 당해보지 않고는 알지 못한다. 양육을 책임지고 있는 조부모의 심정을 부모가 진정으로 헤아려봤으면 좋겠다. 양육 스트레스로 인해 우울증이 생기고, 육체적으로 질병이 생길 수 있다는 점을 말이다.

이처럼 핵가족화 경제사회가 되면서 부모들은 아이들의 양육에서 자유롭지 못하다. 정부 차원에서 보육원이며 유치원을 종일 지원해주려고 한다지만 아직도 모든 면에서 부모들이 안심하기에는 역부족이다. 그래서 가장 안전하게 느껴지는 피붙이를 찾아 다시 부모 곁으로 이사를 가게 되는 것이다. 나는 양가 부모님들이 도와줄 수 있는 상황이 안 되어 많은 고민 끝에 결국 회사를 그만두게 되었다. 그러면서 아이를 봐줄 수 있는 건강한 부모님을 둔 직장맘들이 부러웠다. 그러나 지금 생각해보면 나는 부모님께 양육의 힘겨움에서 자유롭게 해드렸다는 것이 다행이라 생각한다. 온전히 아이만 양육한다는 것이 얼마나 힘든지 아마 직장맘들은 모를 것이다. 이런저런 일이 생기고 아이가 아프기만 해도 모두 내 탓인 것 같아 마음 아파하는지도 모를 것이다. 그러나 직장을 포기할 수 없는 부모들의 심정 또한 안다. 힘든 사회현실 속에서 아이를 잘 키울 수 있으려면 부부가 같이 돈을 벌어야 하는 현실임을 눈물겹도록 이해하고 그 힘겨움에 공감한다. 자녀 돌봄을 함께 책임져주지 못하는 사회에 아무리 하소연한들 지금 당장 나에게 닥친 현실적인 문제를 해결해줄 수 없는 것이 참으로 안타까울 따름이다.

• **양육을 부탁하는 부모 역할**

그렇다면 부모는 경제생활도 놓치지 않으면서 조부모와의 관계도 적절하게 유지할 수 있는 방법은 없는 것일까? 전통적인 대가족 제도에서 양육은 공동의 몫이었다. 이렇게 이른바 '독박', 일방적 혼자의 몫이 아니었다. 지금도 사회는 여러 장치를 만들어 사회 활동을 하는 부모에게 도움을 주고자 한다. 그것은 어린이집과 보육원, 유치원, 학교 돌봄 교실 등이다. 그렇다면 그곳을 주된 양육지로 정하고 조부모들에게는 유치원, 학교, 학원 간의 이동 부분에 도움 요청을 국한하거나, 더하여 긴급한 다른 도움이 필요할 때 부탁하는 것이 좋겠다. 양육은 노동이다. 그것도 중노동이다. 육아라는 쉼이 없는 중노동으로 인해 지쳐가고 있는 엄마들이 얼마나 많은가? 그나마 그들은 젊기라도 하다. 연로한 조부모들에게 얼마나 힘든 노동일 것인가를 잠시라도 생각해 보자. 100세 시대에 그들도 사회 구성원으로 사회적 위치와 이루고자 하는 과업이 있다는 것을 인정하고 육아에 대한 사회적 제도를 많이 이용해보자. 그리고 사회제도를 이용하면서 생기는 많은 문제점을 고발하자. 부모들이 제기하는 불평불만은 더 나은 제도를 만드는 기반이 될 것이다. 어린이집은 시청과 구청이, 유치원은 교육청이 소관부서이다.

• 조부모의 역할

손자녀의 정서적 안정과 생활지도의 좋은 안내가 될 수 있도록 본인의 풍부한 인생 경험을 부드럽고 자상한 목소리로 들려준다. 부모의 어린 시절을 이야기해주면서 부모와 아이의 즐거운 연결 고리를 만들어주고, 부모 자녀 간에 더욱더 친밀한 유대관계를 맺을 수 있도록 도와준다. 현대를 살아가는 손자녀 세대를 이해하고 세대 차가 있다는 것을 당연하게 받아들인다. 손자녀에게도 이 점에 대해 그들이 알아들을 수 있는 말로 설명한다. 마지막으로 교육의 주된 중심은 부모에게 있다는 것을 명심 또 명심해야 한다. 조부모는 손자녀 교육을 전적으로 책임질 수 없다. 이를 깨닫고 소극적인 영향력(부모의 의견을 우선시)을 끼쳐야 한다. 이는 조부모가 할 수 있는 가장 큰 역할이며 본분임을 결심하고 결행한다.

매일 손자녀를 봐줘야 하는 상황이라면 다음을 유의하자. 아이가 잘 때 함께 자자. 라디오나 TV 등을 틀어놓아 고립에서 오는 정신적 소외감을 느끼지 않도록 한다. 주말에는 손자녀 양육을 온전히 부모에게 맡기고 자기만의 시간을 갖는다. 아이를 안을 때는 허리 부담을 줄이기 위해 무릎을 굽혀 안는다. 앞으로 안기보다는 뒤로 업되 30분 이상 업지 않는다. 가급적 유모차를 이용하여 외출한다. 번거로워도 아이만을 위한 식단이 아닌 나를 위한 식단을 따로 차려 먹는다. 수시로 스트레칭하여 근곤격계 질환을 예방한다.

바람직한 조부모와 손자녀 관계

예로부터 전해 내려오는 손자녀 관계에 대해 우리의 기억을 더듬어 올라가 보자. "자기 자식은 예쁜 줄 모르고 키웠는데, 손주는 왜 이렇게 예쁘고 사랑스럽고 뭘 해도 다 용서가 되는 걸까?" 대부분 조부모들의 말씀이시다.

조선시대 영조한테서 조부모의 심정을 읽을 수 있다. 영화 '사도 세자'에서 아들인 사도 세자에게는 아무리 잘해도 더 잘하지 못한다고 닦달하며 대신들 앞에서 망신까지 준다. 그러나 사도 세자의 아들이자 훗날의 정조에 대해서는 하는 모든 얘기마다 신기해하고 기특해 하고 영특하다며 모든 이 앞에서 자랑을 일삼는다. 이는 부모 된 입장에서는 더 훌륭한 사람이 되라고 채찍질하는 것이며, 손주는 그 존재 자체만으로도 기쁨을 안겨주는 사이일 것으로 추측해본다.

손자녀들은 대가족 제도에서는 집안의 재롱둥이로 모든 식구들의 삶의 활력소가 되어 쥰다, 힘든 일상을 마무리 짓고 웃음 짓게 만드는 유일한 구성원이었다. 굳이 누구의 돌봄이 있지 않아도 일이 없는 집안 식구들에 의해 자연스레 길러지고 교육된 것이다. 집안의 경제를 책임지는 부모 역시 양육에 있어 큰 부담 없이 나가 일할 수 있었을 것이다. 아이에게 집안의 가장 큰 어른인 조부모는 부모의 심한 꾸중과 체벌에서 안전한 피난처가 되어주고 위로가 되어 주어 서로 편안함을 주는 관계였을 것이다. 이러한 과정에서 부모와의 관계보다도 더 큰 신뢰감과 친밀감이 생기고, 아이를 안정감 있게 성장할 수 있도록 하는 무한 지지관계였다고 생각한다.

반면, 현시대는 조부모와 많은 시간을 함께하지 못하는 문제가 있다. 직장 따라 거처를 옮기면서 핵가족화가 유지되고 있고 그로 인해 조부모와의 친밀한 관계를 형성될 기회가 적다. 자연스레 과거 서로 간의 즐거움과 편안함을 주고받는 관계 또한 무너졌다. 우리 아이들도 조부모의 사랑을 모른다. 일 년에 몇 번 만나 서로 인사 나누고 식사하고 다시 인사 나누고 돌아온다. 그러나 우리 아이들은 조부모의 사랑에 본능적으로 목말라 한다. 조부모와의 즐거운 추억은 별로 없는 것이 사실이다. 하지만 다행스럽게도 외조모한테서는 그 사랑을 받았다. 그래서였을까? 어린 딸아이가 나한테 혼나거나 아빠에게 혼나면 울면서 말한다. "할머니한테 다 이를 거야."라며 씩씩거리면서 전화한다. "할머니 엄마가 나 혼냈어요, 엄마 혼내 주세요." 그러면 친정엄마는 전화기 넘어 말씀하신다. "우리 귀한 새끼를 왜 혼 내켜? 혼내면 할머니가 혼내줄 거야." 쩌렁쩌렁 큰 소리로 혼내신다. 그럼 나는 "네, 알겠습니다." 하고 전화를 끊는다. 우쭐거리는 우리 아이의 어깨 뒤로 어느새 나의 입가엔 미소가 흐른다. 그러면서 더 많은 추억을 조부모와 만들어 주지 못한 미안함이 마음 한편에 자리 잡고 있다. 지금 만들어 드리고 싶지만, 부모 모두 많이 연로하시고 몸도 불편하시다. 더 연로하시기 전에 너무 멀리 있는 조부모와는 좀 더 친밀한 관계를 위해 추억을 쌓을 수 있는 시간을 주어야 한다. 내 사랑하는 자녀의 멋진 유년기를 위해서 말이다. 그 손자녀가 조부모가 되었을 때 나의 조부모가 했던 것처럼 내리사랑을 전하여 줄 수 있을 것이다.

● Tip - 손자녀가 바라는 조부모상

손자녀 연령	좋아하는 조부모상
4~5세	사랑해주고 선물을 주는 관대한 조부모를 좋아함.
8~9세	적극적이고 재미를 나누는 조부모를 좋아함.
10세 이후	조부모와 독립적인 생활을 하고 싶어 함.

황운하, 「조부모의 손자녀 양육」 김옥경 교수 인터뷰, 중앙일보, 2010.09.06.

이를 보면서 생각해 보아야 할 것이 있다. 손자녀의 나이에 따라 좋아하는 조부모상이 달라진다는 점이다. 조부모 역시 반항적이고 말을 잘 듣지 않는 사춘기 이상의 손자녀보다는 순수한 어린 손자녀를 더 좋아할 수밖에 없다. 위의 글에서 보는 바대로 손자녀의 나이가 들수록 함께 있지 않으려하고, 조부모에 대한 관심이 적어지게 된다.

12세 이상은 조부모와 조금은 독립적으로 떨어져 있는 관계를 원한다. 이를 비탕으로 부모는 조부모에게 손자녀와 조금 떨어져 있을 시간적 여유를 준다. 조부모는 자신의 자녀 세대와의 관계를 원만하게 유지하여, 손자녀 세대와의 교류를 지속적으로 유지하도록 노력한다. 자녀 세대와 불화는 손자녀 관계와의 단절을 가져온다. 너무 멀리 있는 조부모와는 좀 더 친밀한 관계를 위해 같은 추억을 쌓을 수 있는 시간을 주어야 한다. 내 사랑하는 자녀의 멋진 유년기를 위해서 말이다. 그 손자녀가 조부모가 되었을 때 나의 조부모가 했던 것처럼 내리사랑을 전하여 줄 수 있을 것이다.

조부모 또한 잊지 말아야 한다. 자신의 고집과 과거의 관습을 손자녀에게 그대로 강요하지 말자. 손자녀 세대의 통용되는 문화를 알기 위해 노력하고, 손자녀의 모습을 있는 그대로 바라봐 준다.

이렇게 세대 차이를 인정한 만남은 각자의 세대를 이해하게 될 것이며, 그 이해를 바탕으로 손자녀는 조부모 세대에 대한 공경과 존중감이 형성되고, 조부모는 손자녀의 있는 그대로의 모습을 사랑하여 줄 것이다. 또 손자녀가 하는 모든 일에 지지자가 되어 언제나 든든한 버팀목 역할을 해주는 참다운 어른으로 더 풍요로운 노후를 보낼 수 있는 기반이 될 것이다.

|권해정|

지금은 성숙한 성인이 되어 단란한 가정을 꾸리고 있다. 사랑하는 자녀가 아이를 출산하는 것을 옆에서 볼 수 있다는 것은 그 자체만으로도 축복이라고 생각한다. 자녀 가정의 주인공은 오롯이 자녀와 그의 배우자 그리고 손자녀임을 안다. 그들이 그들의 방식으로 반짝반짝 빛을 내며 잘 살아갈 수 있게 조용히 도와주는 인생의 조연자가 되리라 다짐하는 예비 조부모이다.

행복한 손자녀 돌보기와 그림책 교육 | 손형순

　부모·자녀·손자녀 3세대 관계는 현대사회에서 대체로 가족 모임의 최소단위로 가깝게 연결된다. 자녀 대신 손자녀의 대리 양육을 하게 된다면 부모와 자녀의 관계는 더욱 밀접해진다. 그러한 관계 안에서는 여러 가지 요인에 따른 문제가 발생하는 경우가 많아 지속적으로 원만한 관계를 유지하기가 어렵다. 가까운 사이이기 때문에 대리양육을 비교적 쉽게 시작하게 되지만, 나중에 문제가 생긴 후에는 해결방안을 찾는 데에 시간이 오래 걸리고 마음에 상처도 생길 수 있다. 이런 부작용을 미연에 방지하기 위해 사전에 철저히 준비한다면 손자녀 양육으로 인해 부모와 자녀 관계가 소원해지는 것을 막을 수 있다.

　그 방안의 하나로, 손자녀를 돌보는 조부모가 가장 쉽게 접근할 수 있고, 손자녀와 행복한 추억을 남길 수 있는 방법을 소개하고자 한다. 단순한 돌봄에서 그치지 않고 교육적 가치까지 손자녀에게 전달될 수 있다면 자녀와의 관계도 금상첨화가 될 것이다.

　유아기의 행복한 경험은 기억이 나지 않더라도 어딘가에 잠재되어 있다가 성인기가 되면 삶을 사는 데에 다방면으로 긍정적인 영향을 미친다. 조부모에게는 손자녀와 함께 지내는 생활을 즐겁고 보람된 일로 만들 수 있고, 손자녀에게는 조부모와의 관계를 행복한 기억으로 간직한 채 높은 자존감을 가지며 자라도록 할 수 있는 방법을 살펴본다.

A씨의 사례와 처음 해야 할 일

A씨는 자녀 교육의 시기를 마치고 홀가분한 마음으로 자신의 인생을 즐기며 살고 있었다. 어느 날, 직장맘을 선언한 딸이 만 2세 손녀를 돌봐주기를 희망한다. 그러나 A씨는 여러 감정이 교차한다. 자신의 건강과 자유를 포기해야만 하는 상황이지만, 딸의 앞날과 손녀의 정서적 안정감을 생각하면 섣불리 거절할 수도 없는 입장이다.

어느 하나 놓치고 싶지 않은 A씨는 인생 2막의 삶을 적극적이고 구체적으로 생각한다. 건강과 재무계획, 여가 생활 뿐만 아니라 '일'도 필요하다면 자녀에게 도움을 주면서 자신도 행복을 느낄 수 있는 방법을 찾기로 한 것이다. 그래서 딸도 도울 수 있고, 본인의 일도 찾는 차선책을 선택하기로 한다.

먼저, 자신이 속한 구청에 조부모 육아지원서비스가 있는지 확인한다. 일정 기간 교육을 이수하는 경우, 손자녀를 돌보는 조부모에게 수당을 주는 정책이 있고 이를 시행하는 자치구가 있다. 내가 거기에 속하는지 확인한다.

여성가족부에서 주관하는 건강가정지원센터가 있다. 서울에서는 서울시 건강가정지원센터(family.seoul.go.kr)를 중심으로 각 자치구별로도 운영한다.

자치구별로 운영 프로그램이 다르므로 찾아보고 가까운 곳을 활용한다. 전국 각 지역에서도 지원 센터를 운영한다. 건강가정지원센터 뿐만 아니라 '서울 송파산모건강증진센터'와 같이 특별히 운영하는 지원 센터도 있다. 이 외에도 여러 곳에서 예비 할머니 교실이나 손자녀교육 강의, 조부모양육교실 등이 열린다. 여기에 참여하여 최신 트렌드를 익힌다. 인터넷 활용이 어렵다면 자녀에게 도움을 청한다.

관계를 돕는 손자녀 양육법 1

조부모는 손자녀 양육을 위해서 주양육자인 자녀와 미리 상의하여 세부 기준을 명확히 하는 것이 좋다. 양육이 시작된 후에는 서로 의견 일치를 본 사항을 바탕으로 양육과정을 진행한다. 그러면 분쟁을 최소화할 수 있다. 타인과 계약서를 쓰는 것처럼 상세하고 명확히 기준을 정한다. 그런 다음은 서로 속마음을 주고받는 대화를 하자. 부모 자녀 간의 끈끈한 감정을 생각하면 이 '기준 정하기'가 자칫 서운해질 수 있기 때문이다.

• 자신의 건강을 1순위로 생각한다

조부모가 손자녀 양육 때문에 건강을 잃게 되면 다시 되돌릴 수 없다. 나중에는 결국 자녀에게도 부담이 된다. 젊은 시절에 본인의 자녀를 키울 때와는 다르게 신체적 능력이 떨어져 있으니 이 점에 유의한다. 손자녀 육아로 인해 여러 가지 질병이 생길 수 있다. 아울러 양육 스트레스에 따른 정신적인 건강도 문제가 생길 수 있다. 60대 이후까지 각 자치구 보건소에서 생애 주기별 여성 건강관리 프로그램을 운영한다. 자치구별로 운영프로그램과 내용이 다를 수 있으니 참고하여 확인하고 이용한다.

• 돌봄 시간과 돌봄 장소를 명확히 한다

돌봄 주기(매일형, 주단위형, 월단위형)를 정한다. 예를 들어 '금요일 저녁 10시까지'와 같이 양육 시작시간과 끝나는 시간도 명확히 한다. 주단위형인 경우에는 주말의 자유 시간을 온전히 확보한다. 조부모의 마음이 약해져 시간을 늘리는 일이 여러 날 생길 수 있다. 나중에는 주말도 은근슬쩍 아주 자연스럽게 양육해야 하는 일이 다반사로 생길 수 있다. 처음에는 자녀에게 다소 야박하게 구는 것처럼 느껴져도 어차피 오랜 시간 양육을 하기로 결정했다면 현명하게 선택하고 의견을 낸다. 돌봄 장소도 정한다. 자녀집으로 매일 출근하는 형태, 조부모 집으로 손자녀를 데려다주는 형태 등 다양한 방법 중에서 서로 상의하여 합리적인 것으로 정한다.

• 양육 방법에 대해 이야기한다

아무리 친정 부모와 딸 사이지만 교육 문제만큼은 생각이 다를 수 있다. 예전의 자녀 교육 방식은 요즈음을 사는 젊은 부모와 갈등을 일으킬 수 있다. 요구사항은 열린 마음으로 주고받는다.

'취업모 및 대리양육 조부모의 양육 행동이 유아의 문제행동에 미치는 영향(김형연, 2015)'에서 주양육자인 취업모의 양육 행동과 대리양육자인 조부모 양육 행동의 양상이 유아의 긍정적 행동과 부정적 행동 특성을 나타나게 하는 데에 유의미한 역할을 한다는 결과가 나왔다. 부모와 조부모가 각각 그들의 자녀 그리고 손자녀의 교육을 할 때 자주 서로 소통하여 일치된 방법으로 양육하는 것이 매우 중요하다는 것을 반증한다.

'맞벌이 가족의 손자녀 양육 유형과 가족역동(김현정, 2014)'의 연구 논문에서는 양육유형을 다음과 같이 나눈다. 연구자는 성인 자녀의 손자녀 양육에 대한 인식에서 일, 양육, 관계라는 핵심과업 수행에 따라 '역할 관리형'과 '역할 과잉형'으로 구분했다. 우리 자녀는 어떤 유형인지 살피고 서로 보완점을 챙겨 손자녀 교육에 도움을 받는다.

성인 자녀의 손자녀 양육에 대한 인식 유형

분류	과업 수행 정도	유형
역할 관리형	성인 자녀가 자기과업 수행 주도 (성인 자녀가 부모에게 양육지원은 받음)	역할 주도형 - 조부모는 보조이고 자녀가 일과 양육을 모두 주도함.
		관계 관리형 - 일과 양육 유지 위해 조부모와의 관계 관리에만 주력함.
		조부모 눈치형 - 조부모에게 심리적 대가만 지불하고 조부모의 반응에 민감함.

역할 과잉형	성인 자녀의 부모 의존 (성인 자녀가 자기 과업에 압도되어 부모에게 의존)	책임 회피형 - 조부모에게 양육 책임을 전가함.
		관계 희생형 - 양육에서 오는 문제는 회피하고 일에만 집중함.
		자기 중심형 - 손자녀 양육에 불만족하고 조부모에게 불평만 함.

· 정당한 대가를 받는다

양육비 정산(양육에 대한 대가와 손자녀에게 들어가는 비용)을 명확히 하고, 받을 날짜와 지급 방식(통장 자동이체, 직접 수령 등)과 정산 기간(시급, 주급, 월급)을 정한다.

· 외부기관의 도움을 받는다

손자녀와 하루 종일 집에서만 지내다 보면 심신이 지친다. 손자녀와 함께 하는 나들이와 산책도 훌륭한 선택이 될 수 있다. 집 가까이에 있는 작은 도서관을 가서 손자녀와 함께 시간을 보내거나, 공원을 산책하는 등의 자연 친화적인 활동을 한다. 필요하다면 전문기관의 도움도 받는다. 나라에서 운영하는 다양한 서비스가 있으니 이용하자.

● Tip

＊ 서울시 육아종합지원센터

보육 및 가정양육 정보제공과 상담 그리고 여러 육아지원프로그램을 운영하고 있다.

25개 자치구별로도 육아종합 지원센터가 있다. 그곳에 가도 유아 도서와 함께 놀이할 수 있는 놀이 공간이 있고 프로그램도 있으니 활용하자. 시간제 보육도 이용할 수 있고, 장난감 대여 등 여러 가지 육아 종합지원 서비스를 받을 수 있다. 인터넷 주소를 자녀에게 제공하여 더 풍부하게 활용할 수 있도록 해보자. seoul.childcare.go.kr, 02-772-9814~8

* 서울시 보육포털 서비스

서울 어린이집 입소대기와 시간제 휴일보육, 24시간 어린이집에 대한 인터넷 예약 사이트다. 서울시의 어린이집 정보를 검색할 수 있고, 다양한 정보도 제공한다고 한다. iseoul.seoul.go.kr, 02-3789-3340

관계를 돕는 손자녀 양육법 2

조부모가 손자녀 양육뿐만 아니라 교육까지 해주는 것은, 자녀들이 바라는 최상의 조합일 수 있다. 하지만 주 양육자인 부모도 집안일과 함께 양육과 교육을 동시에 잘해내기는 어려운 일이다. 하물며 대리양육자인 조부모가 이 세 가지 일 모두 다 잘해낸다는 것은 더욱 힘든 일이다. 그 사실을 미리 자녀와 함께 얘기한다. 대리양육자로서 할 수 있는 일과 할 수 없는 일을 명확히 하고, 도움받을 부분이 있다면 미리 확실히 정한다. 그래야만 손자녀를 갈등 없이 즐거운 마음으로 돌볼 수 있고, 양육을 하다 지쳐 몸과 마음이 상하는 일을 방지할 수 있다. 집안일의 일부분을 시간제 가사 도우미의 도움을 받거나, 음식 준비는 자녀에게 맡기거나, 일정 시간 동안은 외부기관을 활용하는 등 다른 사람의 도움 받을 부분을 나누어 정한다. 손자녀 양육에서 다만 몇 가지 일이라도 이렇게 분담할 수 있다면 양육의 문제가 커다란 부담으로 느껴지는 일이 줄어들 것이다.

아이들을 돌보다 보면 예상치 못한 일들이 많이 일어난다. 아이들을 잠깐 돌보는 것과 전담하여 양육하는 것은 천지차이다. 아이들도 자아개념이 발달하는 시기를 맞게 되면 자기 고집을 부린다. 때에 따라서는 양육자와 의사소통이 잘 되지 않기도 한다. 손자녀가 대리양육자인 조부모에게 항상 예쁘게만 느껴지지 않을 수도 있다.

그렇지만 손자녀를 돌보기로 마음먹은 만큼 최선을 다해보자. 교육을 위해 늘 외부기관의 도움을 받거나 외출만 할 수는 없다. 여기 좋은 방법이 있다.

조부모가 집에서 할머니 혹은 할아버지 본인 그대로의 목소리로 책을 읽어주는 것이다. 책 읽어주기는 정서적 유대감을 저절로 따뜻하게 쌓여 가게 할 뿐만 아니라 그 자체로 훌륭한 최고의 교육이다. 좋은 책을 골라 읽어주면, 교육적 효과까지도 얻을 수 있다. 단, 교육 효과에 좋다고 하여 손자녀를 억지로 앉혀놓고 읽어줄 필요는 없다. 아무리 좋은 의도를 가졌다고 해도 억지로 하는 것은 손자녀가 평생 책을 멀리하게 만들 수도 있는 위험한 행동이기 때문이다.

먼저 손자녀가 책 읽는 것이 즐거운 경험이라는 생각을 할 수 있도록 분위기를 만든다. 책 읽는 즐거움을 알게 하는 것이 1차 목표다. 그것이 달성

되었다면 아이 스스로 읽었던 책을 반복하여 읽어달라고 할 것이다. 어느 날 글자를 저절로 알게 되기도 할 것이다. 조금만 도와준다면 글씨를 쓰기도 할 것이다. 책과 가까이했던 어린 시절의 즐거운 경험은, 청소년시기와 성인시기가 되어서도 그들의 삶에 깊은 영향을 줄 것이다.

● Tip - 손자녀가 책 읽는 즐거움에 빠지면 생기는 부작용
 · 너무 재미가 좋아 끝없이 읽어 달라고 할 가능성이 있음.
 · 계속 읽어주다간 목이 아프고 성인은 지겨울 수 있음.

 손자녀가 원하는 책을 반복적으로 읽어주는 것은 아무런 문제가 없다. 그러나 때에 따라서는 책만 읽어줄 수 없는 상황도 있다. 손자녀의 나이와 발달단계에 따라 대처방법이 다르지만, 대체로 아이들의 시선을 다른 데로 돌리면 된다. 사전에 방법을 생각해 놓고 때가 되면 주의를 다른 곳으로 돌려 그 상황에서 빠져나온다. 말이 통하는 나이라면 미리 규칙을 정하고 약속한다. 언제까지 책을 읽을지 시간을 정하는 방법과 읽을 책의 권수를 정하는 방법 등 규칙은 아이와 함께 여러 가지 방법으로 정할 수 있다. 손자녀와 즐거운 책 읽는 시간을 보내다가 약속을 정한 때가 되면 미리 정한 규칙을 이야기한다. 그러한 후라면 아이들은 성인보다 더 훌륭히 약속을 이행한다.

그림책 읽기가 필요한 이유

의식주 등, 손자녀의 기본 욕구를 채우는 일이 손자녀를 돌보는 첫걸음이다. 그러나 기본 욕구가 충족된다면 교육 부분에 대하여 생각하게 된다. 집에서 손쉽게 할 수 있는 조부모의 영역이 앞서 말한 바와 같이 책 읽기의 시작 '그림책 읽기'다. 특별한 교육 경력이 필요하지 않다. 특별한 지식이 필요하지도 않다. 따뜻한 조부모의 목소리와 그림책만 있으면 그것으로 충분하다. 조부모와 함께하는 그림책 읽기의 교육 효과는 들이는 노력의 몇 배의 효과가 있을지 가늠하기 어렵다. 아이들의 성장은 무궁무진하며 어디로 확장되어 뻗어 나갈지 모르기 때문이다.

조부모와 손자녀가 함께하는 '그림책 읽기'는 훌륭한 교육방식이며 효용성 또한 크다. 글자를 해독하지 못한다 해도 그림이 주는 이미지가 이야기 전체를 깊이 있게 받아들이게 만든다. 그림은 책의 내용이해를 돕는 차원을 넘어 아름다움을 느끼게 하고 정서적 안정감도 준다. 좋은 그림책의 조건을 갖춘 책이라면, 책 읽는 활동 자체도 즐거워하게 된다. 게다가 영유아의 언어, 사회성, 수학, 과학, 음악, 미술, 체육교육 등 모든 분야에서 효과를 이끌어낼 수 있다. 아름다운 그림책, 좋은 그림책은 아이들도 잘 안다.

좋은 그림책 선정 방법

　좋은 책 선정에 어려움을 느낀다면 기관의 도움을 받는다. 도서관 사서와 육아 종합 지원 센터 등 전문가의 도움을 받으면 된다. 유아동의 발달은 하비거스트(HAVIGHURST)의 발달과업이나 피아제(PIAGET)의 인지발달이론과 에릭슨(ERIKSON)의 심리사회적 발달단계이론 등에서 살펴볼 수 있듯이 발달단계별로 특징이 있고, 구성해 나가는 저마다의 방식이 있다. 아동의 발달과 심리학적 특성을 고려해 영유아의 문학책, 그림책을 선정하여야 한다. 또한 발달단계에 맞게 단어의 난이도와 유아의 특성을 고려하여 선정하여야 한다. 유아 간의 차이도 인정한다. 이 부분이 어렵게 느껴진다면 가까운 도서관 나들이로 전문가의 도움을 받고 빌려와도 된다. 때로는 그림책을 잘 분류해 놓은 서점에 가보는 방법도 있다. 서로 의논하여 좋아하는 책을 사보는 방법도 좋다. 자주 가다 보면 마음에 드는 책도 생기고 좋은 책을 보는 안목도 생기게 된다.

책 선정 시 선행조건

　첫째, 흥미가 있어야 한다. 책에 느낀 흥미는 다음 단계의 독서에도 영향을 미친다. 리듬감이 있는 문장들, 의성어와 의태어가 들어간 문장에도 흥미를 느끼고 좋아한다.

　둘째, 단순 명쾌하고 반복적 구조를 가지면 좋다. 그림책을 많이 읽는 시기는 직관적 사고와 상징적 사고, 자기중심적 사고와 물활론物活論적 사고(모든 사물이 생명을 가지고 있다고 믿는 생각)를 하는 특징이 있다. 이러한 특성을 갖는 시기에는 반복적인 행위가 들어 있는 책이 좋다. 이 구조는 다음을 상상하게 함으로써 문제를 해결하려고 하고, 다음을 생각하게 하는 추론 능력도 기를 수 있다.

나이에 따른 도서의 내용

• 10개월 전후~24개월 전후

목욕은 즐거워요, 혼자 해요, 잘 먹겠습니다 등 일상생활 이야기, 자신의 신체 이야기와 같이 쉽게 공감되고, 반복적이고, 리듬감 있는 언어가 나오는 책이 좋다.

『넉 점 반』, 윤석중 시, 이영경 그림, 창비, 2004.
『손이 나왔네』, 하야시 아키코 글·그림, 한림출판사, 1990.
『달님 안녕』, 하야시 아키코 글·그림, 한림출판사, 2010.

• 만 2세~만 5세

구름으로 빵을 만드는 것과 같이 현실에는 없는 상상을 해볼 수 있고 상징성이 있는 이야기나 주인공이 나오는 책, 동생을 돌봐주는 내용처럼 일과 놀이가 같이 있는 이야기책, 시계가 살아 있다고 생각하는 것처럼 무생물을 의인화한 물활론物活論적 사고의 특성이 있는 책을 추천한다.

『구름빵』, 백희나 글·그림, 한솔수북, 2004.

『괴물들이 사는 나라』, 모리스 샌닥 글·그림, 시공주니어, 2002.

『바바빠빠』, 아네트 티종, 탈루스 테일러 글·그림, 시공주니어, 1994.

『솔이의 추석 이야기』, 이억배 글·그림 길벗어린이, 1995.

『우리 엄마』, 앤서니 브라운 글·그림, 웅진주니어, 2005.

『곰 사냥을 떠나자』, 마이클 로젠 글 ·헬린 옥슨버리 그림, 시공주니어, 1994.

● Tip – 책 읽기와 관련한 오해

· 좋은 책이라고 모두가 좋아하는 건 아님.

· 발달단계에 따라 모두 단계에 맞는 순서로 읽는다는 건 아님.

· 책의 수준은 영유아 개개인의 발달속도에 따라 달라짐.

영유아들의 발달은 크게 기준선이 있지만, 발달 속도는 개인차가 있다. 우리 손자녀의 속도에 맞추어 읽는 경험을 많이 갖는다면 또래보다 우수한 독서력을 갖게 될 수 있다.

|손형순|

교육학과 유아교육을 전공한 사람으로 행복한 삶의 토대가 되는 영유아기 교육에 대해 중요하게 생각한다. 풍요로운 삶의 베이스를 만들어 줄 양육자인 부모와 대리양육자가 될 수도 있는 조부모를 대상으로 한 영유아기 아이들의 특성과 그에 알맞은 교육의 필요성을 널리 알리고자 한다.

어른 없는 시대, 참어른 되기 | 김규진

    35세 직장인 A씨는 매일 1호선 지하철을 이용하여 신길에서 가산디지털 단지로 출퇴근한다. 출퇴근 시간에 지하철을 탈 때마다 많은 어르신들이 지하철을 이용하는 것을 본다. 어르신들이 모두 그러는 것은 아니지만, 어떤 어르신은 매우 큰 소리로 전화 통화를 하기도 하고, 어떤 어르신들은 술 냄새를 풍기면서 주변 사람들은 아랑곳하지 않고 큰 소리로 대화하기도 한다. 심지어 어떤 때에는 노약자석이 아닌 곳에 와서 자리를 양보해달라고 당당히 요구하기도 하고, 양보해드리면 당연한 듯 고맙다는 말 한마디 없이 자리에 앉는 어르신도 있다. 어떤 어르신은 참기 힘든 냄새가 나기도 한다. 부모님을 생각해서 이해하려고 노력하지만, 때로 기분이 조금 상하기도 하여 한 공간에 있는 것이 불편해지는 경험을 한다.

예의와 소통이 답이다

우리는 어떻게 나이가 들어야 할까? 나이가 들수록 외로워진다고 하는데, 그 외로움은 우리 스스로 자초하고 있는 것은 아닌지 생각해봐야 한다. 우리는 사랑스러운 존재인가? 왜냐하면 사랑스럽지 않은 대상에게 다가갈 용기는 누구에게도 없기 때문이다. 한국 젊은이들에게 장유유서라는 개념이 남아 있기는 하나 희미해진 지 이미 오래되었다. 어르신들의 삶의 방식이었던 이 전통을 지금도 굳게 믿고 예전처럼 대접받으려는 마음이 조금이라도 남아 있는 사람은 그런 생각을 버리자. 나이 든 사람이 먼저 시도해야 한다. 대화가 잘되지 않는다고 해서 젊은이에게 "너도 나이 들어 봐!"와 같은 말은 절대로 피해야 할 금기어이다. 어르신들은 젊은 시절을 이미 경험했지만, 그들은 아직 나이가 들어보지 못했고, 그것은 상상으로도 알 수 없는 영역이기 때문이다.

타인에 대한 예의

주변에서 멋지게 나이 드는 분들은 모두 공통점이 있다. 우선 용모가 단정하다. 어르신에게서 용모가 단정하다는 것은 생김새의 문제가 아니다. 깨끗한 옷차림, 단정한 머리 모양을 하고 있을 때 일단 거부감이 들지 않는다. 반대의 경우라면 젊은이들이 선뜻 어르신들을 가까이하기에 마음에 주저되는 부분이 있다. 외모가 전부는 아니지만, 사람을 만날 때 첫인상에서 호감을 높이는 데에 용모가 단정한 것은 그 중요도에 있어서 상대 나이를 불문한다.

두 번째, 온화한 표정과 말씨이다. 나이가 들면서 사람들은 대부분 무표정해진다. 무표정한 상대에게 다가가는 것은 용기가 많이 있어야 한다. 무표정하거나 온화하지 않은 표정이 각인처럼 주름 잡힌 어르신에게 말을 건네는 것이 젊은이에게는 쉽지 않다. 즐거운 일이 없더라도 습관적으로 입꼬리를 올리고, 미간을 펴는 연습을 해야 한다. 온화한 표정으로 부드럽게 말한다면 상대에게 일단 호감을 줄 수 있다.

세 번째, 젊은이의 양보를 당연시하지 않는다. 그들이 자리를 양보하는 것은 당연한 것이 아니다. 그들도 피곤한 몸을 이끌고 매일 힘든 일상을 보내고 있을 수 있다. 또는 임신 중일 수도 있다. 고마울 때는 고맙다고 즉시 말하고, 잘못했을 때는 미안하다고 바로 말한다. 상대의 배려에 대한 감사함과 내 잘못의 미안함을 즉시 표현하는 것은 타인을 향한 인간의 가장 기본적인 예의이다.

깨끗한 몸가짐, 온화한 마음가짐, 상대에게 적절히 반응하는 것은 나이를 불문하고 좋은 관계 형성의 첫 단추이다.

젊은이의 경험을 물어라

주변 젊은이와 소통하는 가장 좋은 방식은 그들의 경험을 묻고 그들의 경험을 배우려는 자세에서 출발할 수 있다. 이런 자세는 스스로 과거에 머물지 않고, 현재에 살고자 노력하는 마음에서 비롯된다.

어른이 젊은이와 소통할 때, 젊은 사람에게 뭐 배울 것이 있겠냐는 생각을 전제로 대화를 하려고 한다면 늘 가르치려고 시도하게 된다. 많이 과장되었음직한 왕년의 화려한 경험과 본인 세대의 고통스러운 사회상을 무용담 혹은 훈계조로 늘어놓기 십상이다. 본인의 경험과 지식을 바탕으로 매번 일장 연설과 훈계만 늘어놓는다면 도대체 어느 젊은이가 그 어르신과 소통하려고 할까? 예의상 한 번 정도는 듣고 있겠지만, 그 한 번으로 대화를 그칠 공산이 매우 크고, 반복되기라도 한다면 듣는 사람은 고통이다. 이는 대화 혹은 소통이 아니라 어르신의 일방적 독백일 뿐이다. 좋은 소리도 한두 번이지, 매번 별 의미 없는 같은 이야기, 특히 본인 자랑이나 훈계를 반복적으로 듣고 싶은 사람은 없을 것이다. 그것이 젊은이라면 더욱 그러하다.

나이가 들수록 젊은이에게 한 수 배우기를 청하라. 가르쳐주는 것은 나이에 상관없이 누구나 다 좋아한다. 젊은이에게 한 수 배우려는 자세로 대화를 시도한다면 젊은이들도 기꺼이 응할 것이다. 더 나아가 젊은이들에게 기꺼이 배우려는 자세를 가진 어르신은 젊은이들에게 적극 환영받을 것이다. 저절로 젊은이와 매일 대화하게 될 것이다.

과잉습관화에서 벗어나기

성인중기 이후 나타나는 성격 특징 중에 '과잉습관화'라는 것이 있다. 나이가 들면서 일상의 반복적인 자극에 대해 주의가 감소되는 현상이다. 이 습관화는 성인중기와 노년기에 있어 일상의 습관적인 일들에 과도하게 적응함으로써, 변화하는 세계에 대한 유연성과 적응력이 감소되는 데에서 기인되는 것이다.

변화하는 시대에 유연하게 적응하기 위해서 우리는 과거에 살지 말고 늘 새롭게 현재에 살아야 한다. 과거가 아무리 화려했다 한들 그것은 현재의 내 모습이 아니다. 젊은이들은 우리가 살아온 시대상이 전혀 궁금하지 않다. 과거의 화려하거나 고통스러운 경험이 나를 대표하는 기억 대부분을 차지하게 되는 것, 또 그것을 타인과의 소통을 위한 주된 화제로 삼는 것은 바람직하지 않다. 늘 당대의 이슈들에 민감하게 주의를 기울인다면 적어도 젊은이와 소통할 수 있는 기본적 재료는 갖추게 된다. 젊은이와의 소통도 가능하고, 또 시대의 변화에 발맞춰 나아갈 수 있다.

기억하자. 젊은이에게 배울 것은 너무나 많다. 스스로 어른인 척하지 말자. 어른 대접 받으려는 마음을 버려라. 늘 청년처럼 매일 새로움을 추구하자. 이를 바탕으로 당대의 젊은이들과 소통한다면 우리의 미래는 외롭지 않을 것이다.

● Tip

연세대 명예교수인 김형석 선생님의 강연을 몇 차례 듣고, 나중에 저런 어르신처럼 살고 싶다는 생각을 했다. 온화한 표정, 단정한 옷차림, 약간 느리지만 군더더기 없는 말씨, 그리고 타인을 존중하고 배려하는 몸짓, 본인의 건강을 위해 매일 운동하시고, 지금도 현역 때처럼 늘 공부하고, 강연 다니는 삶을 영위한다. 그 어르신은 존재만으로도 내게 많은 교훈과 영감을 준다. 그분의 말씀이라면 열 시간이라도 계속 듣고 싶다. 왜냐하면 그분 생활 자체가 교훈이기 때문이다. 참어른을 찾기 어려운 한국에서 존경할만한 어르신의 롤모델이라고 할 수 있다. 그분 강연을 꼭 들어보기 바란다.

|김규진|

멋지게 나이 들고 싶어 노력 중이다. 젊은이들의 생활 양식, 사고방식에 늘 민감하게 배우려고 한다. 나이로 굳어진 생각과 습성을 버리려고 매일 노력한다.

4장

노인의 성은 아름답다

여성의 성 | 최길례

    55세의 Y씨는 외국에서 사업하는 남편과 10년 이상 떨어져 혼자서 지내고 있다. Y씨는 하나 있던 딸을 1년 전에 결혼시킨 후 외로움과 우울 증세를 이겨내기 위해 신앙생활에 몰두하며 살고 있다. 또한 과거에 대학에 출강했던 경험을 살려 가르치는 재능기부 봉사를 하면서 우울 증세가 많이 완화되었다. 그런데 최근에 새로운 고민거리가 생겨 다시 우울했던 과거로 돌아가지 않나 걱정이 태산 같다. 고민거리란 외국에서 몇 달에 한 번씩 오던 남편이 요즘은 집에 자주 오고 머무는 시간도 길어진 것이다. 반갑기는 하지만 남편과 한 침대를 쓰는 것이 불편해지는 등, 전에 느끼지 못했던 점들이 생기기 시작했다. 갱년기 증상과 더불어 폐경 이후에 서서히 시작된 질 분비액 감소가 심해지면서 성교 시에 통증이 느껴지고 성 기능이 저하된다는 불안감으로 남편과의 잠자리를 피하고 싶어졌다. 또한 남편은 술을 마시면 평소보다 성교 시간이 길어져서 질 건조증으로 인한 고통이 더욱 심해졌다. 그래서 남편이 먼저 잠들기를 기다리게 되었고 혹시라도 남편이 깰까 봐 살며시 이불 속으로 들어가 움직이지 않고 잠을 청하곤 한다. 남편을 사랑하지 않는 것도 아니고 오랜만에 만나는 남편의 요구를 거절할 수도 없다. 그러다 보니 성욕이 감퇴하는 것 같기도 하고 아직은 그럴 나이가 아닌 것 같다는 생각도 들어 Y씨는 우울감이 엄습해왔다.

여성의 성 관련 변화

여성이 폐경기에 접어들면 에스트로겐(estrogen) 생산이 감소되고 차츰 월경이 중단되면서 폐경(menopause)에 이르게 되어 생식기계에 변화가 일어난다.

첫째, 질 벽이 얇아지고 위축되어 탄력성이 상실된다.

둘째, 질 분비물이 감소되어 질의 건조 현상이나 가려움증이 발생한다.

셋째, 성교 시에 질 건조증으로 인한 통증이나 출혈이 수반되기도 한다.

넷째, 회음부 근육이 약화되어 요실금이나 절박뇨 증상이 발생하기도 한다.

다섯째, 위의 증상들로 인한 정서불안이나 욕구 감소 현상이 나타날 수도 있다.

그러나 폐경이 성생활의 중단을 의미하는 것은 아니며 여성 스스로가 자신의 몸에 대한 변화에 대해서 잘 인식하고 심리적으로도 대처할 준비가 필요하다. 더욱이 노화를 겪기 시작하고 노인의 길로 들어서는 여성이라면 더욱 그러하다. 또한 잘 알려진 케겔(kegel, 항문 조이기) 운동이나 약물요법과 수술 병행 실시 또는 방광 재훈련 등을 통해 요실금의 예방과 관리도 간과하지 않는 것이 성 건강에 도움이 된다.

변화에 대한 극복

여성의 몸은 의학적 설명은 부족할지라도 그 누구보다 여성 자신이 가장 잘 알지 않을까? Y씨의 사례와 같이 폐경이 임박해 있거나 이미 폐경을 맞은 여성이라면 공감할 수 있는 여성들이 꽤 많으리라 생각된다. Y씨와 같은 경험은 노화를 겪는 여성 스스로 성에 대하여 성기능 약화나 상실과 같은 부정적 인식을 갖는 계기가 되기도 하므로 그러한 문제를 극복하려는 노력이 필요하다.

노인의 성에 대한 인식 변화 노력

노인의 성은 전반적인 삶과 생활 만족에 많은 영향을 미치는 요소이다. 성공적인 노후생활 성취에 있어서 의미 있고 중요한 부분이라 할 수 있다. 흔히 노인들은 성에 대한 욕구는 사라졌고 성생활 자체도 유지하기 쉽지 않다는 편견이 만연해 있다. 그러나 보건복지부 통계에 따르면 65세 이상 노인의 26.4%가 성생활의 중요성을 인식하고 있으며 한국 소비자원의 통계 자료에서도 60대 이상 노인 중 62.4%에서 성생활을 영위한다고 나타났다.

신용선(「고령화 사회에 있어서 노인의 성생활 실태 및 삶의 만족도에 관한 연구」, 미간행 석사 학위논문, 한성대학교, 2011)은 노인을 대상으로 한 성생활 실태 및 삶의 만족도에 관한 연구에서, 성적 욕구의 감소 요인으로 연구 대상의 47.1%가 '장애 해서', 26%가 '노화로 인해서'라고 밝혔듯이, 성은 인간의 기본적 욕구로서 신체의 노화에 따라 성 기능이 약화되거나 심리적 위축으로 인하여 영향은 받을 수 있으나 성에는 은퇴나 정년이 없다. 특히 여성의 경우 성적 욕구를 집안일이나 취미생활, 쇼핑, 운동, 음주, 흡연 등의 활동을 통해서 해결하거나 참아내는 방식으로 해결하려는 소극적인 태도를 취하는 경향도 있다. 따라서 여성 자신에 대한 여러 변화(생식기계의 변화 포함)를 인식하고 그에 따른 증상들이 장기화되어 노후생활에 부정적 영향을 미치지 않도록 하여야 한다. 성이란 음지에서 하는 부끄러운 것이 아니다. 성은 존중받아 마땅한 것으로써 이를 잘 설계하고 준비하여 노후의 삶의 질을 높이는 삶의 소중한 일부분으로 인식하여야 하겠다.

노인 성교육 참여

노화의 진행에 따라 신체적 성 반응에 변화가 일어나지만 남녀 모두 성적 욕구나 성행위는 지속될 수 있으며, 남성의 경우 특별한 질병을 앓지 않는 한 90세까지도 성행위가 가능하고 여성의 경우 노년에도 성생활의 유지가 가능하다(주경미. 장수지. 허정윤, 「부산지역 노인의 성생활 및 가치관 분석」, 부산여성가족개발원, 2012(11), 14.). 남자는 수저 들 힘만 있어도 성적 욕구를 충족하려 한다는 시쳇말은 노인의 성에 대해 생각할 여지를 남긴다. 노인의 성 문제를 모른 척하고 간과해서는 오히려 부정적인 결과들이 더 많이 발생하게 된다. 간혹 방송을 통해 듣게 되는 불법적인 성매매나 노인들에 의한 아동들의 성추행 또는 성폭력 등도 음지에서 해결하려는 노인의 성에 관한 문제이다. '노인의 성, 음지에서 양지로!'라는 구호가 절실한 때이다. 이제 노인의 성은 주책스러운 것이거나 부끄러운 것이 아니라는 올바른 인식과 함께 노인의 생활 만족도를 높이기 위해서도 성생활 자체의 만족을 위한 교육이 필요하다. 또한 남녀의 서로 다른 여러 특성과 변화 그리고 실제 성생활과 만족에 따르는 어려움에 대한 구체적 대체 방법 등에 대한 교육도 필요하다.

● Tip

함께하는 아름다운 복지센터: 한국 노인의 전화 (1644-9998)

노인의 성 관련 전반적 서비스 제공

· 안전한 노인 성생활 교육

· 노인 성생활 관련 정보 제공

· 분기별 간행물 발행

· 성상담 및 성교육 전문가 양성

· 성 매개 감염병 예방 교육

남편이나 성 파트너와의 솔직한 대화

여성은 자신의 신체적, 생리적, 심리적 상태와 성적 충족간에 이르는 과성에 대해서 상대방이 알 수 있도록 솔직하게 설명하고 또한 무엇이 문제인지 대화를 통해서 서로 알려는 노력과 이해해 가는 과정이 필요하다.

박인아(「여성 노인의 성생활 연구」, 미간행 박사학위논문, 서울기독대학교, 2011)의 연구에 의하면 실제로 많은 여성들 중에 성교 통증은 피하고 성적 만족을 충족하기 위한 방법으로 남성들과의 관계에서 얻는 성적 만족보다 자위를 통해 만족감을 취하는 경우도 많다. Y씨의 예와 같이 통증으로 인해 성적 접촉을 피하다 보면 섹스리스(Sexless)로 이어지게 되고 노화가 진행됨에 따라 성 기능이 취약해질 수 있다. 또한 여성은 성관계에서도 실제 삽입 성교뿐만 아니라 어루만지기, 포옹, 키스, 자위행위 등과 같은 다양한 표현에 의해서도 성적 만족에 영향을 받으며 때때로 마음이 닫히면 성관계도 원활치 않다. 특히 현재의 중년 이상의 여성의 경우에 성적 표현에서 남성보다 수동적이거나 소극적인 면이 있어서 배우자나 성 파트너의 협조 즉, 기다림과 진정성 있는 배려가 필요하다.

58세의 M씨는 혈기 왕성했던 2세 연하의 남편과의 사이에 성적 교감의 문제가 발생하였다. 어느 날부터인가 잠자리에서 등을 돌리고 눕는 남편으로 인해 마음의 상처를 받고, 그 원인이 자신은 더 이상 남편에게 여자로 느껴지지 않고 소중하지도 매력적이지도 않기 때문일 것이라는 판단을 했기 때문이다. 그러던 중 남편과 허심탄회한 대화를 갖게 되었고 남편은 M씨가 성교 통증이 심해지고 그로 인해 고통스러워 한다는 데 대해 미안하고 안쓰러운 마음에 성 욕구를 자제하기 위함이었다는 걸 알고 남편의 행동에 대해 이해하게 되었다. 부부는 함께 의사의 상담을 받게 되었고 질 윤활제의 사용과 지속적인 성생활의 권유를 받아들여 고통의 정도나 상태에 대해 솔직한 대화와 노력을 통해 조심스럽게 다시 시도하면서 이전보다 성교 통증도 완화되고 오히려 남편과의 친밀감도 높아졌다.

의사 등과의 상담을 통한 지속적 성생활 유지 노력

M씨의 사례에서와 같이 여성은 실제 성행위뿐 아니라 다른 요인에 대해서도 민감하며 많은 경우에서 서로 나와 다른 상대의 성에 대해 이해가 부족하다. 성행위에 있어서도 남성이 자기중심적으로만 행함으로써 결과가 만족스럽지 못했다. M씨의 경우처럼 문제에 대한 남편과의 솔직한 대화와 의사와의 상담을 통한 문제 해결은 바람직한 과정이라고 생각된다.

여성의 폐경기 이후에는 성적 행위를 자제하려는 경향으로 성생활에 영향을 미치기는 하지만 정기적으로 성적 쾌감을 경험한 여성들의 경우 섹스(Sex)를 전혀 하지 않는 여성에 비해 질 위축이나 외성기의 장애가 적고 심리적 만족감도 높다고 한다(전도근, 『100세 쇼크』, 북포스, 2011). 성생활의 만족이 삶의 질에 긍정적 영향을 미친다는 사실은 이미 밝힌 바 있다.

● Tip

여성 자신이 스스로 주동적으로 성에 대해 관심을 가진다. 때에 따라 상담을 통해 질 윤활제의 사용법, 여성 호르몬 요법, 다양한 성행위 테크닉, 심리적·정서적 관리 등의 도움을 받는다. 즐겁고 지속 가능한 성생활을 함으로써 균형 잡힌 건강한 삶을 유지한다.

| 최길례 |

"사랑해!" 억만 번을 들어도 기분이 좋고, 억만 번을 말해도 부족함이 없는 말이라고, 나이를 먹어도 설렘을 주는 말은 진정 '사랑'이라고 생각하는 한 사람. 노년이 되어도 사랑의 마음을 말로 그리고 몸으로도 표현하며 살고자 하는 이들을 지지한다.

남성의 성, 그 아름다운 길을 찾아 | 김석태

성은 아름다운 것이다. 특히 인간의 성은 종족 보존의 기능 이외에 인격적인 융합과 사랑이 깃들어 있어 더 아름답다. 그런데 한편으로 성은 부끄러움, 낯 뜨거움, 창피함, 비밀, 어둠 등 다소 부정적인 의미로 통용되기도한다. 왜 그럴까? 특히 노인의 성에 대한 사회 일반의 편견이나 선입감 혹은 방관은 그 정도가 지나쳐 사회적 부메랑으로 돌아올 수 있음을 잊고 있는 듯하다.

그것은 성의 본질을 잘 알지도 못하면서 있는 그대로 보지 못하며 왜곡하기 때문이 아닐까?. 이미 우리는 상식적으로 부부간의 적절한 섹스가 젊음을 유지하며 건강하고 활기찬 생활을 하는 데 도움을 준다는 걸 알고 있다.

본 장에서는 우리 사회 일상에서 벌어지고 있는 노인의 성 행동 사례를 관찰하고 문제점을 살펴보며 그 대안을 생각해 보기로 한다. 여기에서는 물론 서로 사랑하는 사람과의 정기적이며 지속적인 섹스를 전제로 한다.

M씨의 사례

M씨는 아내와 사별 후 홀로 지내는 71세 노인이다. 평소 활달한 성격에 대기업에서 고위 임원으로 있다 퇴직했으나 아내와 사별 후 상심이 커서 대인관계를 끊고 칩거하다시피 했다. 이웃도 그가 출입하는 것을 거의 보지 못했다고 한다. 외로움과 고독감, 무력감에 힘들어하고 이따금 원인 모를 분노가 솟구쳐도 이를 적절히 해소할 생각이나 방법도 모른 채 안으로만 삭히면서 폭음을 하기 시작했다. 자녀들이 안타까워 모시려 해도 완강히 거절하고 지금껏 혼자 살아왔다. 몇 년이 흘러, 보다 못한 딸이 황혼 재혼을 권유해 보았지만, 버럭 화를 내며 말도 꺼내지 못하게 한다. 하지만 아버지의 건강도 예전 같지 않고 딸들이 모시기에도 어려운 형편인 데다 무엇보다 주변의 시선도 안쓰러워서 가족들이 다시 아버지 재혼을 적극 논의해보지만 이번에는 아들이 결사반대. 아버지 재산에 눈독을 들인 오빠의 속내를 알기에 가족들의 싸움은 이미 진흙탕이 된 지 오래다. 그러다 가족들은 기가 막힌 얘기를 우연히 듣게 된다. 인근 약국의 약사로부터 아버지가 1년 전부터 성병 진료를 몇 차례 받았고, 약도 복용 중이니 신경을 써서 모시라는 얘기다.

사회문제화되고 있는 노인의 성

노인 성폭력 사건이 해마다 증가하고 있다는 뉴스를 듣는다. 일반인들까지 점차 사회 문제로 인식하는 분위기 같다.

서울 파고다 공원에는 곱게 차려입은 50~60대 박카스 아줌마가 등장한다. 사실은 파고다 공원뿐만 아니라 전국 대도시의 공원에서도 요구르트 아줌마라 불리는 비슷한 현상이 목격되고 있다고 한다. 이들이 공원에 모이는 남성 노인들을 상대로 성매매를 해서 사회적으로 문제가 되고 있지만, 사실상 뾰족한 대책도 없는 것 같다. 뿐만 아니라 시골에서는 일명 티켓다방 종업원을 성매매 대상으로 삼고 있으며, 심지어 한동네에 사는 정신지체 여성을 여러 남성 노인들이 반강제적으로 성추행이나 성폭행을 하고 있다는 뉴스를 접하고 있다. 종종 미성년자 강간 사례도 들려 온다.

신문 방송을 통해 성매매 검거자 중 어르신들의 수가 해가 갈수록 늘어나며 나이가 70대 이상 지긋하신 분들의 수도 크게 증가한다는 이야기를 듣게 된다. 이는 인간의 성적 욕망이 나이와 관계없음을 여실히 보여주고 있다.

이들 박카스 아줌마 현상은 단지 성 문제 하나가 아니라 노인들의 빈곤함, 외롭고 쓸쓸함이 공존하는 복합적인 문제로 봐야 한다. 성을 파는 쪽이나 매수하는 쪽이나 경제적 빈곤이 공통요소이고 특히 사별한 남성 노인의 경우 고독한 생활이 지속될수록 돌파구를 모색하게 되는데, 이때 본능적인 욕구 해소 방안을 성 욕구 해소로 선택하는 것일 수도 있다. 그러므로 무조건 단속이나 처벌만이 능사는 아니라는 것이다.

노인의 성이 처한 현실은 어제오늘의 일이 아니고, 누구나 다 아는 사실이다. 그런데도 누구 하나 제대로 알려고 하지 않고 애써 외면하고 있는 것은 아닌가? 박카스 아줌마는 그런 노인들에게 불편한 진실이 되고 있는 한 예에 불과하다. 그렇다면 어떻게 해야 할까?

노년이 되면 집착이 강해지는 면이 있다고 하는데 특히 남성 노인의 경우는 신체 건강에 대한 관심이나 의지도 강한 데다 '비아그라' 같은 발기부전 치료제를 쉽게 접할 수 있어 성생활에 적극적인 편이다. 그렇지만 이를 건강하면서도 합리적으로 해소할 수 있는 기회가 적어 성매매에 노출되기 쉬운 구조적 상황에 놓여 있다. 그래서 범사회적 차원의 세밀한 대비가 필요하다.

특히 홀로 된 남성 노인이 형편상 손녀와 함께 살아가야 하는 상황에서 성추행이나 성폭행 사건이 뉴스에 자주 등장한다. 문제는 노인에 의한 성 관련 사건이 자칫 가정을 붕괴시킬 수 있다는 점 때문에 비공개로 묻히는 경우가 많은데 이를 방치할 경우 우리 사회는 호미로 막을 수 있는 걸 가래로도 막지 못하는 우를 범할지도 모른다.

이제는 우리 사회와 국가에서 노인들의 성에 답을 내놓아야 할 때가 되었다. 이미 고령화 사회로 접어들기 시작한 우리나라는 2~3년 이내에 고령 사회로의 진입을 저울질하고 있지 않은가.

100세 시대를 이야기하고 2030년부터는 120세를 언급하고 있을 만큼 노인 인구의 급팽창을 예견하는 이때, 더 이상 늦기 전에 노인의 성에 대한 국민적 공감대를 만들기 위해 모든 주체들이 지혜를 모아야 할 때이다.

노인의 성, 해결의 지혜를 찾아

위 M씨의 사례에서 보듯 홀로 된 노인들의 성 욕구 해소가 사회문제로까지 확대되고 있다. 혹자는 노인들이 성욕을 자제하면 되지 무슨 대안이 필요하냐고 항변하는 이가 있을지 모르겠다. 그러나 노인도 엄연히 존중받아야 할 한 인격체이고 우리 사회를 이만큼 발전·유지시켜 온 공로자로서 대우를 받아 마땅한 존재들이 아닌가. 그러기에 노인의 성은 한 개인의 인내나 윤리의식으로 해결할 문제가 아니다. 노인의 성은 인간의 삶과 생존의 문제이자 본능적 욕구의 차원에서 다루어야 할 본질임을 자각해야 하겠다. 또한 우리 사회구성원 누구나 언젠가는 반드시 맞닥뜨려야 할 과제이기에 해결의 지혜도 함께 찾아야 한다. 이를 위해 몇 가지 방안을 제시해 본다.

노인의 성 의식을 높인다

현재 우리 사회에서는 전통적인 유교문화의 영향이 뚜렷하게 감소하기는 했으나 노인의 성생활에 대한 선입감이나 고정관념은 지금도 매우 강한 편이다.

노인은 젊은 시절 국가와 사회의 주체적인 존재로서 그 역할을 다하고 퇴직이나 강제 퇴출 등 사회적 시스템 밖으로 밀려난 상태이기에 앞날에 대한 불안, 가족에 대한 미안함, 경제적인 제약으로 하고 싶은 일들을 못하는 불편함이나 위축감, 분노감 등의 복합적인 심리가 내재해 있다.

범정부 차원에서 이러한 노인의 심리를 깊이 이해하고 활용한 노인의 성 관련 정책과 제도가 조속히 시행되어야 한다. 노인의 성은 노인의 노력으로 해결되는 것이 아니기 때문이다.

누구든지 나이가 들면 신체 기능의 노화로 성 기능의 저하가 있는 것은 자연스러운 현상임에도 아주 부적절한 생각을 선입견처럼 가지고 있는 경우가 많다. 우리 주변에서 흔히 노인의 성생활에 대해 가지고 있는 선입견에는 무엇이 있을까? 필자의 생각으로는 대개 다음과 같은 것이 아닐까 생각한다.

① 노인은 성생활에 관심이 없다.
② 노인은 기력이 빠져 성생활을 할 수 없다.
③ 노인에게 성교육은 불필요하다.
④ 노인은 성생활에 대한 자극에도 별로 반응이 없다.
⑤ 노인이 섹스를 거론하는 것은 주책없다.
⑥ 노인의 성생활 개선을 위해 공공 예산을 들일 필요까지는 없다.

노인도 욕망을 지닌 한 인간으로서 성욕을 누릴 권리가 있다. 너무나 당연한 사실임에도 새삼스럽게 느껴지는 것은 한국사회에서 노인의 성에 대한 체계적인 전략이나 시스템 없이 무관심과 무대책으로 일관하고 있는 것과 연관이 있는 것은 아닌지 생각해 본다.

남성 노인들은 자신의 성 활동을 얼마나 잘 알고 있을까? 이미 우리는 매스컴, 인터넷, 또는 공개된 각종 사회적 통계 자료에 의해 노인의 60% 이상이 월 1회 이상 성생활을 즐기고 있는 것을 알고 있다. 실제 60대 중·후반의 이웃, 선배, 지인들을 두루 만나 자신만의 성 관련 얘기를 들어보면 성행위가 필요하며 생활에 활력소가 된다고 말하는 이가 의외로 많다. 그들은 대체로 성생활에 대한 관심이나 흥미가 높은 편이다.

적절한 성생활로 인해 일상생활도 즐겁고 삶의 질도 높아지게 된다. 성생활에 대한 관심이란 성의식과 관련되므로 성 관련 지식, 성욕에 대한 느낌이나 생각, 자신의 태도 등을 솔직하게 표현하고 받아들이며 배우려는 자세가 중요한데, 이를 위해 성지식이나 정보를 꾸준히 습득하도록 힘써보면 어떨까? 인근 도서관에서 성에 대한 쉽고 재미있는 책을 보거나 주민자치센터나 문화센터에서 하는 성교육 세미나에 참석하여 관심분야에 대해 공부할 기회를 찾아보자. 성에 대한 지식이 쌓일수록 성생활에 자신감을 갖고 긍정적이며 건강하게 살아가는 나를 발견할 수 있을 것이다.

무엇보다도 중요한 것은 노인 스스로 성에 대한 인식을 긍정적으로 변화시키고 적극적으로 행동하고 실천하는 일이다. 가족이나 손자녀 보기 부끄럽고 창피해서 성에 대한 인간적인 욕구마저 묻어 버리면 즐거움, 희망, 기쁨, 활기, 의욕적인 생활 등의 건강하고 긍정적인 요소는 사라질 수 있다. 대신 불안, 불만족, 좌절, 우울감, 의욕상실 같은 부정적 감정에 노출되기 쉬워 앞으로 남은 노년의 삶의 질이 현저히 떨어질 수 있다.

그러므로 노인의 성의식이 높아질수록 삶의 질도 풍부하게 확장될 수 있으며 노인의 성을 바라보는 일반의 시각도 자연스럽게 변화될 수 있음을 잊지 말아야 하겠다.

심신의 건강 증진활동과 교육프로그램에 참여한다

노인이 된다는 것은 신체적으로 노쇠해지며 기능이 점차 쇠퇴함을 의미한다. 그러나 평소 걷기운동 등과 같은 유산소운동을 꾸준히 하는 노인의 경우, 건강하고 활기찬 생활을 오래 유지할 수 있다. 비록 나이는 들었어도 자신의 신체기능과 상황에 맞게 운동을 하면 젊은이 못지않은 활력과 생활의 충만감을 느낄 수 있다. 노인들이 생각하는 자신의 신체적 성적 상태를 살펴보자. 남성 노인들이 상식적으로 인정하는 신체적·성적 상태는 다음과 같다.

① 젊을 때보다 발기하는 데 시간이 좀 더 걸린다.

② 발기의 강도가 약해진다.

③ 사정을 적절한 시간까지 참아내는 능력은 젊을 때보다 더 강해져서 성교 시간이 길어진다.

④ 사정할 때 세기가 좀 약해진다

⑤ 사정이 끝난 다음 다시 발기할 때까지 시간이 좀 더 걸린다.

⑥ 성행위의 횟수가 줄어든다.

신체가 건강하면 정신도 건강해지기에 노인의 평소 신체적 건강은 삶의 질을 결정할 수 있다. 동네 주민자치센터나 공원에 설치된 운동시설을 매일 꾸준히 이용하는 것도 좋은 방법이며 노인여가 복지시설의 에어로빅운동, 요가운동은 무료이거나 저렴하게 이용할 수 있다. 배드민턴 동호회나 게이트볼팀에 가입하는 한편, 주간, 월간 단위의 회원제 참여도 고려할 만하다.

노인은 젊은이에 비해 신체적으로 기능이 떨어지고 약해진 게 사실이다. 그래서 젊은 시절처럼 왕성한 운동기능이나 체력, 성 기능을 발휘할 수는 없는데 이는 나이 들면서 나타나는 자연스러운 현상임을 받아들인다.

그런데도 신체적 변화와 성기능의 저하가 섹스로부터 얻는 기쁨과 만족의 강도에는 전혀 영향을 주지 않는다고 전문가들은 한결같이 입을 모은다. 다만 '성기능의 약화보다는 심리적으로 왠지 불안하고 다른 친구와 비교하는 등 자신감이 결여되는 게 더 큰 문제가 된다. 그리고 중요한 것은 성생활을 섹스로만 한정 짓지 말고 시간과 장소에 관계없이 부부간에 자연스러운 애무나 포옹, 손잡기, 허그, 키스 등을 통해 폭넓은 의미의 성생활을 즐길 수 있어야 한다. 시대의 변화에 따라 이런 성문화는 비단 젊은이나 외국인들만의 전유물이 아니기 때문이다.

비록 신체적으로는 노화의 과정을 거치고 있으나, 오히려 성생활면에서는 섹스를 포함한 다양한 자세로 마치 은근하게 오래가는 화롯불처럼 성 만족도가 더 높아질 수 있다.

원만한 관계 형성을 위한 대화와 배려

노인에게 신체적 기능의 감소보다 더 힘든 부분이 있다면 외로움, 쓸쓸함, 고독감 등 정서적인 관계 결핍에서 오는 어려움일 것이다. 다음 D씨의 경우는 부부가 함께 있으면서도 환경적·심리적 요인으로 대화가 안 되고 힘들어지는 사례이다.

• D씨의 사례

D씨는 지금 60대 초반이다. 아내와 함께 마트를 경영하면서 두 아들을 키워 모두 장가보냈다. 지금은 부부만 있지만 마지못해 살아가는 부부생활도 벌써 몇 년 째다. 애들이 중학교 들어가면서 말없이 얌전했던 큰 아이가 부모에게 폭언, 기물 파괴, 한밤중 괴성을 지르고 가출을 하기 시작했고, 작은 아이는 한술 더 떠 도벽, 폭행에 오토바이, 자동차를 손대면서 경찰서를 제집 드나들 듯하다가 결국 학교를 그만두고 가출 소녀와 어울려 살림을 차리고 임신까지 하게 된다. 그런 고통을 감내하다 보니 부부 관계가 정상일 수가 없다. 아이들이 한밤중에 뻔질나게 부부 침실에 들어와 부부에게 욕설과 행패를 부릴 때가 하루 이틀이 아니다. 이 때문에 가장 안정 상태에 있어야 할 부부관계는 애초부터 불가능했다. 그런 시간이 길어지면서 남편은 동네 유흥가에서 성매매로 성욕을 풀기 시작했고, 그럴수록 아내의 마음은 남편에게 더 싸늘하게 식어 갔다.

시간이 흘러 아이들은 그럭저럭 독립해 나갔으나 집은 휑하니 찬바람이 분다. 누가 먼저랄 것도 없이 부부는 남처럼 냉담한 관계가 되어 옛날로 돌아갈 수 없는 상태로 변해 버렸다. 한때는 잉꼬부부라는 말도 들었었는데 어느새 남보다도 못한 '웬수'로 변해 마지못해 부부라는 울타리에 갇혀 있는 모양새이다. 적어도 이 가정은 섹스를 즐기는 안식처로서의 기능을 잃은 지 오래다.

위 D씨의 사례는 부부가 환경으로 인한 고난이 왔을 때 대화와 격려, 위로와 지혜를 모아 극복할 수 있는 문제임에도 서로가 외면한 채 서서히 침몰해갔다. 하지만 이런 문제는 한국 사회에서 언제, 어디서, 누구에게나 일어날 수 있기에 부부 사이의 대화와 배려가 절대적임을 알 수 있다.

독거노인의 경우는 가족과 주변의 지지를 받지 못해 고독한 상태에서 생활하다 보면 우울감을 오래 느낄 수 있어 주의가 필요하다. 만일 D씨 부부가 평소에도 서로 존중하면서 성 행동을 쌓아왔다면 자녀로 인한 고난 등으로 인해 어려움이 왔어도 충분히 극복할 수 있었을 개연성이 높다. 또 이로 인해 부부 사이가 더 밀접해질 수도 있었을 것이다. 가정이 안락한 안식처 기능을 잃는다면 사회나 국가도 안식을 잃을 수 있어 사회적 경각심이 요구된다.

부부간에 따뜻한 배려, 사랑을 느끼려면 어떻게 해야 할까? 노인대학이나 주민자치센터, 백화점이나 학교의 노인강좌에 개설되는 부부간의 대화법, 경청하는 법, 서로 존중하며 스킨십하는 법, 상대편을 이해하고 사랑하는 법 등의 강좌나 연수에 적극 참여하고 교육 내용을 실천하여 관계를 개선시켜 보자.

그 밖에 부부가 함께 취미활동을 하거나 등산, 여행, 나들이, 요리하기, 책 읽기, 영화나 음악 감상 등으로 함께하는 시간을 많이 가질수록 서로 애정도 깊어지게 마련이다. 한 번 해보자. 정말 애정이 깊어지는지를 말이다.

노인의 성 욕구에 대한 현실적 해결책

한국사회는 오랫동안 노인들의 성적 욕구를 인정하지 않아 온 것 같다. 그러나 이제는 정부나 범사회적 차원에서 건전하게 성적 욕구를 해소할 수 있는 분위기나 시스템을 만들어야 할 때가 온 것이다.

① 성교육이나 세미나 기회를 많이 부여한다.

쉽고 재미있는 노인 성교육을 통해 노인들 스스로 성 활동에 대해 긍정적이고 개방적인 자세를 갖도록 지원한다. 지자체 주관의 무료 성교육을 통해 성 관련 지식을 체계적으로 습득하도록 한다.

· 성 상담실 활용

· 성교육 (지자체별 노인 성건강증진세미나, 노인종합복지관, 경로당 순회교육, 노인 성문화 축제, 이벤트 등)

· 성매개감염예방 적극 홍보 및 캠페인 전개

· 노인 성교육, 건강교육 자료 개발

② 노인에 대한 가족의 열린 마음이 중요하다.

  노부모를 부양하고 있는 가족들은 활짝 열린 마음으로 이들이 느끼는 인생의 무료함과 허전함, 외롭고 쓸쓸함, 그리고 성적인 욕구를 충분히 공감하고 구체적인 노력을 해보자. 노인들은 직접적인 이성교제에 관심이 있다. 그러나 자녀의 눈치, 부모로서의 체면 때문에 남몰래 음성적인 교제를 할 수 있다. 따라서 가족들은 이에 대한 깊은 이해와 협조를 통해 전폭적인 지원을 아끼지 말아야 한다.

③ 건강한 자위 교육을 홍보한다.

  자위는 전립선염 환자를 호전시킬 만큼 남성에게 건강한 성행위로 알려졌다. 특히 파트너 없는 노인에게 적당하다. 자위도구 구입과 활용은 인터넷 검색에서 쉽게 알 수 있다. 인터넷에서 '성인용품'이라고 쳐보자. 구입하기 전에 가격, 성능, 사용방법 등을 충분히 살펴본 후 결정하자.

④ 새로운 파트너 관계 마련

  중년이 들면서 사별, 이혼 등으로 홀로 사는 노인들에 대한 대안의 하나로 스웨덴 등 서구에서 이루어지는 파트너 관계가 있다. 우리 사회도 충분히 공유할 수 있고 일부에서 실제 이루어지고 있기에 방법, 의미 등을 널리 홍보할 필요가 있다. 배우자 없는 노인들에게 관심과 흥미를 주는 효과적인 대책이라 할 수 있다.

  이 제도를 시행하기 위해서는 범정부적 차원에서 주도면밀한 계획과 적극적인 홍보, 이에 따른 재정투입을 동시에 추진하면서 국민의 여론 수렴과 노인 당사자들의 충분한 참여가 전제되어야 할 것이다. 그리고 이 시스템 작동을 위한 법적 장치를 마련해야 함은 물론이다. 황혼재혼, 비혼커플, 별거동침 및 기타 우리나라의 정서에 적합한 모형의 개발이 뒤따른다면 좋은 대안이 될 것이다.

⑤ 비뇨기 질환의 예방

화장실에서 소변이 안 나와 고생하는 경우를 흔히 보게 된다. 배뇨장애는 수분 섭취를 자주 많이 하는 게 도움이 되며 운동을 규칙적으로 하도록 한다.

대표적인 남성의 질환인 발기부전이 느껴질 때는 지체 없이 병원에 가서 진료를 받아야 한다. 그리고 가능하면 질환이 발병하기 전에 병원을 찾아 정기적으로 진료를 받아보자. 치료보다는 예방이 훨씬 중요함을 잊지 말자.

배뇨장애 등 비뇨기 관련 질환을 예방하기 위한 몇 가지 방법을 소개한다.

· 물을 많이 먹는다.

방광의 독소나 세균을 수분 배출로 자연스럽게 배출하기 위해 물을 자주 먹어야 한다. 소변은 참지 말아야 하며 카페인이 들었거나 탄산음료는 가급적 먹지 않는다.

· 과일, 채소를 많이 먹는다.

토마토, 양배추, 브로콜리 등 수분이 많은 채소나 과일을 많이 먹으면 좋다.

· 과도한 음주나 흡연을 자제한다.

· 꾸준한 걷기 운동을 주 2~3회 이상하며, 게이트볼, 배드민턴, 탁구 등 자신의 신체에 알맞은 운동을 규칙적으로 한나.

· 주 1~2회 반신욕을 한다.

반신욕을 하면 혈액순환에 도움이 되고 전립선 등 비뇨기 질환 예방에 좋다.

· 발기부전 치료제는 비아그라가 대표적이며 음경해면체 주사제를 활용할 수 있다. 경구용을 복용하거나 노화로 인한 호르몬 발생 부족 시에는 비뇨기과 의사와 충분히 상담한다. 남성 호르몬 보충요법을 통해 성욕과 발기력 향상, 골다공증 예방, 근력 강화, 컨디션 전환에 도움을 줄 수 있다.

· 성병은 예방이 가장 중요하며 성병 의심이 갈 때는 즉시 병원에 가서 진료를 받도록 한다.

● Tip - 노인서비스 관련 기관

1. 노인돌봄종합서비스: 혼자 힘으로 일상생활을 영위하기 어려운 노인에게 가사 및 활동지원 서비스를 제공한다.

   1) 만 65세 이상 노인, 노인장기요양등급 외 A, B판정자 중 전국 가구 평균소득의 150% 이하 자

   2) 시군구청장이 인정하는 장애 1~3등급 및 중증질환자 중 차상위계층 이하 자

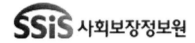
보건복지부

보건복지 콜센터129, 영상전화(070-7947-3745)

SSiS 사회보장정보원

사회서비스 콜센터 (1566-0133)

2. 재가노인 서비스센터: 지자체별 산하기관에 설치된 서비스센터로 시, 도, 시군구에 설치되어 있다.(공공과 사립이 있다)

1) 역할: 지역 내 거동이 불편한 노인들을 직접 방문하여 일상적 지원, 관리 하는 가사 서비스사업이다. 식사, 취사, 설거지 및 정서 서비스로 말벗, 편지대필, 외출동행서 비스, 병원동행의료서비스, 안마, 목욕서비스, 사회적 서비스로 복지제공, 후원결연 서비스, 노노케어, 한글 공부, 신문 읽기 등

2) 연락처: 각 지자체에 문의하면 재가노인 서비스센터 이용에 관한 안내를 받을 수 있다.

3. 한국 노인의 전화

1) 교육사업: 성교육 전문가 양성교육, 월 2회 이상 노인교육, 성매개감염예방 홍보, 안전한 노인 성생활 교육

2) 홍보사업: 각 지역 공원 등 노인집결지역 중심으로 안전한 노인 성생활 인식 개선

교육, 성생활 관련 정보제공 간행물 발행, 성병 검진희망자 보건소 안내

3) 연락처: 1644-9998

|김석태|

살아온 시간의 2/3를 교육계에 근무하면서 그게 삶의 전부인 양 생각해 온 인생 2막의 햇병아리. '사람이 온다는 건 그의 인생 전체가 온다'는 말을 가슴 깊이 받아들이면서 어둠 속에 놓여 있는 '노인의 성'을 빛으로 인도하고 싶어 하는 돈키호테. 노후컨설턴트로서 워빙업하며 중년, 노년의 삶에 한 줄기 희망이 고프다.

일과 가정을 모두 지키며
행복한 노후를 맞이하는 7가지 지혜

5장

넘쳐나는 시간을
어떻게 사용할까?

대중교통을 이용한 역사여행 | 손형순

시간이 많이 남는다. 인생의 후반전으로 갈수록 넘쳐나는 시간을 사용하는 문제로 고민이 깊어져 갈 것이다. 대한민국 국민의 여가시간 활용 1순위가 TV 시청이라고 한다. 비용문제, 마음의 여유가 없음 등 여러 가지 고려할 사항이 많아 무언가를 새롭게 시작하는 일이 쉽지 않다. 그러나 인생 2막에는 좀 더 넓은 시각으로 삶을 돌아보는 방법을 찾고 새로운 인생계획도 세워볼 필요가 있다. 그러기 위해 치열한 삶의 현장에서 한걸음 물러나 보자. 삶을 돌아보는 시간과 미래를 그려보기 위한 재충전 방법의 하나로 여행을 추천한다. 순수하게 '쉼' 휴식을 위한 떠남이어도 좋다. 비용을 많이 들이거나 휴가 기간을 길게 잡지 않아도 되는 한 가지 방법을 소개한다. 우리가 살아가는 곳에서 타임머신을 탄 듯 역사를 돌아보는 여행이다.

서울의 사대문 안에서 대중교통을 이용하여 역사적 장소를 찾아가 보는 짧은 여행, '필드 트립(Field Trip)'을 추천한다. 대부분 무료로 갈 수 있는 기념관, 역사관, 박물관, 유적지이다. 궁궐은 나이에 따라 약간의 비용이 발생하지만, 일정 나이가 되면 무료로 들어갈 수 있으며 추가로 별도의 비용이 발생하지 않는 알뜰한 방법이다. 혼자 나서도 좋고, 여럿이 같이 가도 좋겠다. 삶의 영역 안에서 여가시간을 의미 있게 보내는 방법이 여러 가지가 있겠지만 손쉽게 접근할 수 있는 방법이 될 것이다.

목적이 있으면 똑같은 장소를 방문해도 자신감 있는 태도와 적극성이 나온다. 출발하기 전에 시간을 갖고 준비한다면 즐거움 가득한 역사여행이 될 것이다. 오늘은 어디를 가볼까 고민하지 않고 서울의 사대문 안 유적지를 찾아가 보고, 역사적 장소와 인물을 연관시켜 기념관도 가보고, 시대별 역사관과 박물관도 돌아보는 방법이다. 인터넷 홈페이지를 보면 각각에 대한 자세한 사항이 나오니 여기서는 개략적인 방향으로 몇 군데를 소개한다.

역사에 관심이 있는 사람들끼리 모여 이동하면 동질감을 가진 인생의 동반자도 생길 수 있다. 같은 일에 계속 시간을 투자한다면 '준전문가'가 되어 탐방 관련 글을 써 볼 수도 있고, 문화 해설 봉사자가 될 수도 있으며, 더 발전시켜 직업으로 이어 갈 용기도 생길 수 있으니 일석이조이다. 여가시간을 이용한 취미활동이 나의 삶에 윤활유가 될 것이다. 삶에 찌들었다고 생각할 때 떠나보자. 서울의 대중교통이 얼마나 잘 연결되어 있는지도 알게 될 것이다. 버스도 좋고 지하철도 좋다. 건강도 챙기고, 신선한 즐거움도 얻고, 맛있는 것도 찾아 먹어 볼 수 있는 서울 사대문 안의 역사적 장소를 탐방해보자.

조선시대의 수도 한양(현 서울의 일부) 도성의 성곽 길과 근대 이후의 역사를 살펴볼 수 있는 장소를 중심으로 살펴본다.

서울 성곽 -한양도성 길

서울 성곽 길은 조선의 수도 한양을 둘러싼 성곽이다. 그 안에 5대 궁궐을 두고 4대문과 4소문을 끼고 이어져 있다. 2009년 이후 문화재 사업의 일환으로 모두 6개의 코스로 나누어 돌아볼 수 있도록 조성했으며 완주하면 기념선물도 준다. 서울시 한양도성 홈페이지(seoulcitywall.seoul.go.kr)에서 자세한 사항을 볼 수 있다. 건강을 위한 걷기 운동과 서울 경치 감상의 일석이조 효과를 누릴 수 있다. 2016년 현재 세계유산 등재를 위한 잠정 목록에 들어가 있으며 2017년 6월에 결과가 나온다.

가는 방법은 홈페이지에 들어가 각 코스별로 보고 출발점을 정할 수 있으니 확인하자.

경복궁 안 건천궁

서울(조선시대의 수도 한양)의 중심 경복궁 내에 있다. 고종황제와 명성황후가 머물렀던 곳이며 명성황후가 시해된 역사적 현장이기도 하다. 이곳에 전기가 설치되었을 때 백성들이 북악산에 올라 '도깨비불'이라 하며 구경했다. 그 외 경복궁 내에는 500년 조선의 정궁으로 근정전을 비롯한 여러 전각들이 있고 경회루, 향원정 등 많은 부속 건물이 있다. 건물은 원래 500여 동이었는데, 일제강점기에 많이 사라지고 현재는 36동이 남았다. 2011년 시작하여 2015년 5월 복원, 개방된 소주방(현재의 주방에 해당)이 있고 다른 추가 복원 계획이 예정되어 있다. 경복궁 바로 옆 '국립민속박물관' 내에도 여러 민속 사료들이 있으니 살펴보자. '추억의 거리'라 명명된 건물들과 생활상이 묘사된 장소도 있으니 함께 보면 좋다. 지하철 3호선 경복궁역에서 내려 경복궁 안으로 들어가면 가장 북쪽에 있다.

국립고궁박물관

조선왕조 500년 왕실 문화유산을 보존, 조사 연구, 전시, 교육하는 곳이다. 왕실의 문화와 기록을 볼 수 있다. 왕의 초상화인 어진御眞과 어보御寶, 어좌御座, 일월오봉도日月五峯圖 등 왕실의 문화유산을 볼 수 있고 근대 황실 문화와 더불어 실제 사용했던 황실 자동차도 전시되어 있다. 경복궁에 가는 방법과 같이 지하철 3호선 경복궁역에 내리면 된다.

조선의 서궐 경희궁과 서울역사박물관

경희궁은 숙종·영조·정조가 오랜 기간 사용했던 궁궐이다. 흥선대원군 때 경복궁 중건에 사용하느라 전각을 헐어 썼고, 일제강점기를 거치며 5대 궁궐 중 원형이 많이 파괴된 곳이다. 가로로 길게 들어선 형태이며 정문은 원래 동쪽에 있었으나 여러 자리를 전전하다 현재는 남쪽으로 옮겨져 있다.

일제강점기 총독부 관사로 경성중학교로 사용되었다. 이후에는 서울고등학교로 사용하다가 학교가 이전된 뒤에는 그 자리에 현재 3동의 전각만이 복원되어 있다. 원래의 경희궁 정문에 가까운 동쪽 지역에 서울역사박물관이 들어서 있다. 북쪽으로 현재의 성곡 미술관 자리까지 경희궁이었다. 서울역사박물관은 조선시대 수도 한양의 역사에서부터 대한민국 수도 서울의 역사에 대하여 전시되어 있다. 지하철 5호선 광화문역에서 내려 서대문 방향으로 올라가면 된다. 서울역사박물관이 먼저 보이고 뒤로 경희궁이 있다.

정동 일대

정동 일대는 근대 역사 유적지의 보고라 할 수 있다. 1897년 아관파천 후, 부상한 경운궁(덕수궁)을 중심으로 근대 역사 문화를 살펴볼 수 있다. 고종황제 승하 후, 일본에 의해 경운궁의 많은 부분이 철거되고 팔리는 과정에서 원래 경운궁 내부에 위치하던 중명전은 현재는 경운궁 외부에 있다. 이 중명전은 을사늑약이 체결된 곳으로 서양식 건물로 지어졌다. 왕의 초상을 모셨던 곳인 선원전 터도 있다. 일제강점기인 1920년 전후로 헐려 광복 뒤에는 경기여고 부지로 쓰였다. 이후에 미국 대사관 직원 숙소 건물 부지로 넘어갔다 다시 돌려받은 사연이 있다. 그 밖에 구 러시아공사관(정동공원), 배재학당 터, 정동제일교회, 이화학당이었던 이화여고가 있다. 손탁 호텔이 있던 터를 현 이화여고 앞에 표지석으로 만들어 놓았다.

경운궁 정문 왼편으로 난 길을 따라 올라오면 정동제일교회가 보이는 작은 원형광장을 만난다. 서울시립미술관으로 올라가는 입구의 원형광장 앞세 갈림길에서 시작하면 된다. 서울시립미술관은 그동안은 일제강점기 고등법원이었다가 대한민국에서는 대법원 건물로 사용되었다. 왼편으로 가면 배재학당 터가 있고, 오른쪽으로 가면 선원전(왕의 초상을 모신 곳) 터가 있는데 경운궁 돌담길을 지나 덕수초등학교 맞은편에 있다. 중명전은 광장 중앙으로 이어진 길을 따라가면 오른편으로 표지판이 보인다. 계속 직진하면 오른편에 예원학교를 지나 구 러시아공사관 자리인 정동공원이 나온다.

2016년 2월 서울시에서 이 일대를 대한제국의 공간으로 보고 '대한제국의 길(Empire Trail)'로 조성할 계획이라고 발표했다. 지하철 1호선이나 2호선 시청역을 이용하여 경운궁의 정문인 대한문에서 시작하는 코스다.

양반들을 피해 난 길 종로 피맛골

조선시대 상권의 중심지 운종가(현 종로) 뒤로 난 길이다. 종로를 행차하는 고관들의 말을 피해 난 길로 피마避馬에서 유래했다. 주로 서민들이 이용한 곳으로 생선구이, 해장국, 빈대떡, 낙지볶음 등을 파는 술집과 식당이 많았다. 현재의 종로 1가에서 6가까지 이어진 길이다. 종로 1가 주변의 피맛골은 '2009년 청진동 개발'로 철거되어 옛 모습이 사라졌으나 일부 보존의 형태로 만들어져 있다. 철거 전 번창한 시절의 먹거리 상가가 다른 곳으로 이전했거나 새로 지은 건물에 나뉘어 들어가 있다. 지하철 5호선 광화문역이나 1호선 종각역에서 내리면 찾아갈 수 있다.

역사의 소용돌이 속 경운궁(덕수궁)

대한제국의 고종황제와 운명을 같이한 궁궐이다. 1897년 러시아 공사관에서 경운궁으로 환궁하였다. 덕수궁의 '덕수德壽'는 순종이 고종황제에게 왕위를 물려받고 장수를 빌며 올린 말이지만, 일본에 의해 덕수궁으로 불린 궁궐로, 역사적 의미로 볼 때 경운궁이라 불러야 마땅하다. 경운궁(당시에는 현 시청 광장까지 궁궐영역이었다)의 동편에 있던 환구단(현 조선호텔 자리)에서 대한 제국을 선포했다. 고종황제의 사용을 전제로 지어진 석조전은 서양식 건물로 지어졌다. 그러나 순종황제가 잠시 사용하고 고종황제는 함녕전에서 머물다 승하하셨다. 석조전은 현재 고증을 거쳐 황실문화를 그대로 재현해 놓아 예약한 사람들에게는 공개 관람이 된다. 그 외 건물 중 정관헌은 서양식 건물로, 한때 왕의 어진을 모시던 곳이었으며 고종황제가 외빈을 맞거나 다과와 차를 즐기시던 곳으로 안내되어 있다. 대한문 앞에서는 '수문장교대식'도 하니 시간에 맞춰 가면 볼 수 있다. 석조전(대한제국역사관) 예약은 덕수궁(경운궁) 홈페이지(www.deoksugung.go.kr)에서 가능하다. 지하철 1호선이나 2호선 시청역에서 내리면 된다.

백인제 가옥

서울 종로구 북촌 가회동에 있는 가옥이다. 근대 건축양식의 특징을 볼 수 있는 가옥으로 개인 소유였으나 서울시에서 매입, 보수하여 2015년 11월 처음 일반인에게 공개되었다.

1977년 민속자료로 등재될 때 백병원 설립자인 백인제 소유로 있었기에 백인제 가옥으로 불린다. 조선시대의 한옥 건축 양식에는 없었던 일부 건물의 2층 구조가 특이하다. 1913년 일제강점기 친일파 한성은행 전무 한상룡이 지어 소유했던 가옥으로 일본식 복도와 다다미방이 있고 유리창을 많이 쓴 것은 그 당시 건축양식의 반영이다. 자유 관람도 할 수 있고 서울시 공공서비스예약(yeyak.seoul.go.kr) 백인제 가옥 관람을 이용하면 해설사와 함께 내부도 관람할 수 있다. 지하철 3호선 안국역 2번 출구로 나와 북촌 방향 가회동 주민 센터까지 찾아가야 한다. 가는 길에 북촌 관광안내소에서 도움을 받으면 된다.

명동 일대

우리나라 사람들의 상권이 '종로'라면 일제강점기 일본 상권이 주름잡던 장소는 '명동'이었다. 신문물을 가장 빠르게 많이 접할 수 있던 곳이었다. 구 외환은행본점 자리는 일제강점기 우리나라 물품을 수탈해 가던 동양척식주식회사가 있던 자리다. 당시 명동과 충무로 일부는 땅이 질었고 그래서 약간의 경사진 일대를 '진고개'라 불렀다. 현 중국대사관 자리는 임오군란 때 우리 군사의 주둔지이기도 했다. 명동 권역 가까이에 조선시대 선혜청(쌀 창고 자리)이었던 곳이 현재는 한국은행 본점과 신세계 백화점 자리다. 지하철 2호선 을지로 입구나 4호선 명동역에서 갈 수 있다.

이외에도 우리가 역사 속에서 살펴볼 만한 사대문 안 역사 유적지와 기념관, 박물관은 많이 있다. 여기 소개된 장소 이외에도 스스로 찾아볼 수 있겠지만, 추가로 몇 곳 더 소개한다.

경복궁 서쪽의 서촌 일대에 가면 근대시대를 살고 짧은 생을 마감한 이상과 윤동주를 기릴 수 있는 장소와 일제강점기 대표적 친일파 윤덕영이 딸을 위해 지었다는 주택(현 박노수 미술관 자리) 일부를 찾아볼 수도 있다. 또한 대한민국 보물 문화재를 수없이 많이 지켜 낸 간송 전형필의 간송 미술관도 사대문 주변에 있다.

서울 사대문 안 짧은 여행으로 역사의식도 다시 한 번 고취하고, 나의 삶의 한 페이지도 생각하며, 건강에 도움이 되는 걷기와, 주변의 맛있는 먹거리도 함께 할 수 있는 '대중교통을 이용한 역사여행'을 추천한다.

| 손형순 |

역사 공부를 통해서 삶을 성찰하고 주변인들에게 우리 역사 알리기를 즐긴다. 독서지도사로서 독서를 통한 어린이 역사교육을 한 경험이 있으며 현재 역사에 관심이 많은 사람들과도 교류한다.

나도 가는 럭셔리 크루즈 | 차소영

몇 년 전, 우연히 크루즈 여행을 다녀온 후로 우리 부부는 크루즈 여행의 매력에 푹 빠졌다. 크루즈 여행의 매력을 꼽으라 하면 우선 바다 위의 호텔 같은 커다란 크루즈를 타고 뮤지컬과 쇼 등 각종 엔터테인먼트를 비롯해 매일매일 다양한 프로그램을 즐길 수 있다는 것을 꼽을 수 있다. 게다가 다양한 음식을 맘껏 맛볼 수 있는 먹는 즐거움 또한 빼놓을 수 없는 장점 중하나이다. 크루즈 여행의 가장 큰 매력 중 하나는 '기항지 관광'이 아닐까싶다. 크루즈 여행 중 배가 몇몇 기항지에 정박하는 동안 반나절 정도 이국적인 다른 나라를 여행하는 것이 '기항지 관광'이다. 크루즈 여행 하나만으로 여러 나라를 편하게 다녀올 수 있다는 것을 큰 장점으로 들고 싶다. 미국에서는 가족 단위 혹은 시니어 부부끼리 크루즈 여행하는 것을 쉽게 볼수 있다. 아마도 따뜻한 기후에서 느긋하게 여유를 즐길 수 있는 크루즈 여행이 갖는 매력 때문일 것이다.

10년 안에 다시 못 갈 거라 생각했는데, 역시 꿈꾸면 이뤄지나 보다. 늘 좋았던 크루즈 여행에 대한 꿈을 가슴에 지니고 있다가 여행의 기회를 잡게 되었다. 이번에는 부모님을 모시고 여행을 다녀왔다. '크루즈 여행' 하면 대부분 사람들이 럭셔리한 여행이고, 비용이 많이 들 것이라고 생각하는 것 같다. 물론 럭셔리한 크루즈 여행도 많지만, 찾아보면 저렴하게 즐길 수 있는 크루즈 여행도 정말 많다. 우리 가족이 다녀온 것을 바탕으로 크루즈 여행을 간단히 소개할까 한다.

크루즈 여행 준비

직장 다니는 남편이 연차까지 써서 길게 휴가를 낼 수 있는 시기는 명절을 끼고야 가능하다. 그래서 아이들 방학과도 맞물려 있는 설 연휴를 선택하여 여행을 다녀왔다. 제사를 매우 중요하게 생각하시는 시어머님이 제사를 지내지 않고 여행 가실까 싶었는데, 흔쾌히 오케이 하셔서 정말 놀랐다. 여행에 대한 욕구는 뿌리 깊게 박힌 유교적 사고방식도 버릴 수 있을 만큼 강한 듯하다. 이번 크루즈 여행은 항공료가 다른 곳보다 저렴하고 크루즈 여행이 발달한 미국으로 정했다. 항공편은 수개월 전에 미리 저렴하게 확보해 놓았다. 여행지를 선택하고 항공편도 예약했는데, 수많은 크루즈 패키지 중 하나를 선택하는 일은 쉽지 않았다. 비용이 저렴한 크루즈 패키지를 선택할 것인지, 이왕 시간 내어 멀리 가는데 비싸더라도 괜찮은 패키지를 선택할 것인지 고민을 했다. 연세 많으신 부모님 입장을 헤아려보니 어쩌면 처음이자 마지막이 될지 모르는 여행이라는 생각이 들었다. 그래서 비용이 저렴한 것보다는 질 높은 패키지를 선택했다. 우리 가족은 '동부 카리브해 크루즈 7박 8일' 패키지를 예약했다. 크루즈 패키지는 해외 사이트를 직접 이용했기에 더 저렴하게 예약할 수 있었다.

● Tip

· 크루즈 여행 일정을 미리 계획하고 비행편을 예약한다.

· 비행편은 수개월 전에 미리 예약하면 훨씬 더 저렴하게 구매할 수 있다.

· 크루즈 상품은 해외 사이트에서 직접 예약하는 편이 할인 혜택 등 선택의 폭도 다양하고 더 저렴하다.

크루즈 승선 절차

'카리브해'는 북아메리카와 남아메리카 사이의 바다를 둘로 나눌 때 남쪽의 바다를 '카리브해'라고 하며, 크고 작은 섬이 약 700개가 있다고 한다. '동부 카리브해 크루즈 7박 8일' 일정은 다음과 같다.

상세일정 Itinerary

일차	기항지	도착	출발	비고
1일차 2015-03-15 (일)	**포트로더데일, 플로리다주** (FORT LAUDERDALE - FLORIDA)	-	16:30	출발
2일차 2015-03-16 (월)	**나소, 바하마** (NASSAU - BAHAMAS)	07:00	14:00	정박
3일차 2015-03-17 (화)	**해상**	-	-	해상
4일차 2015-03-18 (수)	**샬롯아말리에, 세인트토마스** (CHARLOTTE AMALIE - ST. THOMAS)	10:00	19:00	정박
5일차 2015-03-19 (목)	**필립스버그, 세인트 마틴** (PHILIPSBURG - ST. MAARTEN)	08:00	17:00	정박
6일차 2015-03-20 (금)	**해상**	-	-	해상
7일차 2015-03-21 (토)	**해상**	-	-	해상
8일차 2015-03-22 (일)	**포트로더데일, 플로리다주** (FORT LAUDERDALE - FLORIDA)	06:15	-	도착

출처: 로얄캐리비안 크루즈

크루즈 여행 하루 전에 마이애미에 도착해서 공항 근처에서 1박을 했다. 크루즈 탑승 시간에 늦지 않도록, 여행 하루 전에 여유 있게 도착하는 것이 안전하다. 항구에는 여러 크루즈 선박들이 정박해 있어서 셔틀버스를 타고 해당 크루즈가 정박해 있는 곳에서 내리면, 가져온 여행가방 등의 짐을 배에 싣는 작업부터 하게 된다. 짐택을 붙여 맡기면 포터들이 선실까지 배달해준다. 그다음에는 배에 승선하기 위한 승선절차를 거치게 된다. 우리가 승선한 배는 약 22만 톤으로 승무원만 2천 명이 넘고, 승객은 6천 명이 넘는 규모가 큰 크루즈였다. 그래서 승선 절차에 만만치 않은 시간을 보내야 했다. 승선 절차를 마치면 개인 ID 카드와 비슷한 승선카드(Sea Pass Card)를 발급해준다. 룸키도 되고, 크루즈 내에서 신용카드의 역할도 하므로 분실하지 않게 조심한다.

● Tip

온라인 체크인을 미리 해두면 승선 절차가 간편하고 시간이 절약된다.

동부 카리브해 크루즈 7박 8일 즐기기

· 엔터테인먼트 즐기기

크루즈에서는 그날의 모든 프로그램과 주요 행사가 적혀 있는 선상신문을 매일 발행해서 룸으로 배달해준다. 신문이 배달되면 참여하고 싶은 프로그램이나 구경할 쇼 등을 표시해 놓고 해당 장소로 이동해서 참여하면 된다. 인기 있는 쇼나 뮤지컬 등은 예약이 필요한 경우가 많은데, 승선하기 전에 미리 온라인으로 예약을 해두면 예약이 마감되어 못 보게 되는 불상사를 막을 수 있다. 기억에 남는 쇼는 브로드웨이 뮤지컬 '시카고'로, 워낙 유명한 뮤지컬이라서 사전에 예약해두었다. 크루즈 내에 있는 대극장에서 공연했는데, 좌석수만 1,380석 규모라 정말 큰 무대였다. 또 브로드웨이에서 꽤 유명한 모창 가수의 쇼도 재미있었다.

영어로 진행되긴 했지만, 추억의 팝송을 들을 수 있어 오랜만에 남편이랑 옛 추억에 잠겨보기도 했다. 승선 전에 예약했던 쇼로는 시원한 아이스링크에서 펼쳐지는 아이스쇼가 있었다. 영어를 몰라도 즐길 수 있으며, 전 연령

층이 관람할 수 있는 쇼이다. 이번 여행에서 아마도 가장 인상 깊었던 일은 세계적인 팝아티스트 로메로 브리토(Romero Britto) 사인회였다. 세계적인 유명인사인 브리토를 코앞에서 볼 수 있었던 경험이다. 크루즈 선사마다 특징이 있고 다양한 프로그램을 운영하고 있는데, 사전에 미리 조사해서 본인에게 맞는 선사를 선택해서 간다면 200% 더 알차게 즐길 수 있다.

● Tip

공연 전에 예약이 요구되는 쇼가 있다면 미리 온라인으로 예약해 두자.

다양한 먹거리 즐기기

여행에서 빼놓을 수 없는 즐거움이 바로 먹는 즐거움이다. 크루즈 내에서는 자는 시간을 제외하고는 거의 식사할 수 있는 식당을 오픈하고 있어서 언제나 자유롭게 다양한 음식을 즐길 수 있다. 선상 신문에 조식, 중식, 석식 등 무료로 오픈되어 있는 레스토랑과 위치, 오픈 시간 등이 상세히 적혀 있다. 두고두고 기억에 남는 음식은 저녁마다 먹었던 다양한 풀코스 요리들이다. 국내에서 서양식 풀코스 요리를 제대로 먹으려면 비용이 만만치 않을 텐데, 다채로운 풀코스 요리를 무료로 즐길 수 있어 매일 저녁 과식했던 기억이 난다. 두 번 정도는 드레스코드가 있어 단정한 옷을 준비하는 것이 필요하다. 디너 테이블은 사전에 정해져 있어 매일 같은 테이블에서 같은 스태프에게서 서빙을 받게 된다. 정말 다양한 서양식 풀코스 요리를 매일매일 먹을 수 있어 행복했다. 조식도 풀코스 조식부터, 간단한 조식까지 다양하게 선택할 수 있다. 나양한 레스토랑을 경험해 보기 위해 어떤 날은 조식을 두 번이나 먹기도 했다.

● Tip

레스토랑은 대부분 무료인데, 몇몇은 유료인 레스토랑도 있으니 선상 신문을 참조해서 이용하자. 디너 정찬 시, 드레스코드가 있으니 단정한 옷을 꼭 준비하자.

· 운동 시설 이용하기

매번 먹기만 하다 보면 정말 살찌기 딱 좋은 여행이 크루즈 여행이다. 다양한 운동기구들을 갖춘 짐(Gym) 시설에서 무료로 운동하는 것도 좋지만,

끝없이 펼쳐진 바다를 보면서 트랙을 돌며 조깅하는 것을 추천하고 싶다. 이색적인 운동 시설로는 암벽등반과 서핑 코스도 있다. 수영장을 이용하거나 따뜻한 월풀에 몸을 담그고 쉬는 것도 추천 코스다.

• **기항지 관광하기**

7박 8일 동안 3곳의 기항지에 정박했는데, 배가 기항지에 정박하는 반나절 동안 이국적인 기항지를 관광할 수 있다는 점이 크루즈 여행의 매력이 아닌가 싶다. 크루즈에서 내릴 때는 여권과 승선카드를 반드시 소지하고 내려야 한다. 그리고 승선시간을 반드시 체크해서 늦지 않게 돌아와야 한다.

동부 카리브해 크루즈 7박 8일 코스는 바하마의 수도 나소, 세인트토머스 섬, 네덜란드령의 세인트마틴 섬에 정박한다. 이들 기항지는 사실 한국에서 여행하기 결코 쉽지 않은 이국적인 곳이라 많은 설렘을 갖게 했던 곳이기도 했다. 바하마의 수도 나소에서는 마이클 잭슨 등 유명 인사들이 묵었다는 영화에서나 볼 수 있을 듯한 아틀란티스 호텔 구경이 기억에 남았고, 또 네덜란드령인 세인트마틴 섬에는 프린세스 줄리아나 국제공항(Princess Juliana Interna-tional Airport)이 바로 해변과 접해 있어 비행기가 착륙하는 모습을 근거리에서 볼 수 있어 장관이었다. 특히 항공기 애호가들이 사진 촬영하러 많이 들르는 곳이라고 한다. 항공기에 남다른 관심을 갖고 있는 남편과 아들에게 좋은 여행장소가 되었다. 기항지 관광은 크루즈 내에서 예약할 수도 있고, 현지에서 직접 대중교통편을 이용하여 관광할 수도 있다. 이들 기항지는 많은 크루즈들이 정박하는 곳이라 택시투어 등을 호객하는 현지인들을 쉽게 만날 수 있다. 택시 투어는 짧은 시간에 여러 곳을 둘러볼 수 있는 메리트가 있어 우리 가족은 현지인이 운영하는 택시투어를 현장에서 바로 이용했다.

● Tip

사전에 기항지 관광에 대한 정보를 수집해서, 어떤 활동을 할 것인지를 미리 계획한다면 더 알차게 즐길 수 있다.

|차소영|

여행 블로거를 꿈꾼다. 1995년에 처음으로 간 유럽 배낭여행을 시작으로, 2007년에 여행 기록을 남기기 위해 처음 블로그를 시작했다. 미국으로 가족여행을 다녀온 후에는 다른 사람들과 여행 정보를 공유하고자 적극적으로 여행정보 등을 포스팅하고 있다. 많은 사람들이 여행을 꿈꾸면서도 나중으로 미뤄두지만, 가장 젊고 건강한 바로 지금 여행해야 한다고 생각한다. 기회가 있을 때마다 여행을 하고, 블로그에 기록을 남기고 있다. 여행만큼 사람을 좋아하게 하고, 새로운 일에 설렘을 갖게 하며, 힐링되는 일은 없다고 믿는다. (blog.naver.com/cowdiary)

노후생활의 키워드, 여행 | 최영귀

노후는 고독함, 소외감, 생활의 불만족, 또 사람들에 대한 원망으로 행복하지 못하다고 느끼기 쉽다. 결국 준비가 부족한 노후생활은 TV 시청에 매달릴 수밖에 없다. TV 시청 또한 물론 여가활동 중 하나이긴 하지만, 인생이 자칫 무료해질 수 있다. 통계청 조사에 의하면 생활시간 중, 60세 이상 은퇴자들의 TV 시청시간은 하루 평균 3시간 27분이라고 한다. TV 시청이 하루 시간을 보내는 데에 상당히 큰 비중을 차지하는 것을 알 수 있다. 이렇게 여가에 대한 준비가 소홀한 것은 우리 사회가 얼마 전까지만 해도 대부분 일에만 매달리는 산업사회였고, 그 산업사회의 주역이 지금의 어르신이기 때문이다. 그러나 이제 달라져야 한다. 100세 시대를 눈앞에 두고 있는 지금, 병원과 지하철역 등 곳곳에서 노인 인구의 증가를 실감하게 된다. 집에서 TV만 보지 말고, 밖으로 나가자. 당장 떠나자!

누구와 함께 갈까?

요즘 노후 연관 단어 중에서 1위는 자산이고, 2위는 친구이다. 상대적으로 배우자의 비중은 8위에서 13위로 하락했다. 노년에 친구나 함께 할 사람이 없다면 그 외로움이 결국은 삶에 나쁜 영향을 주고, 바쁜 자식들을 힘들게 할 수 있다. 스스로 잘 놀고 편안해야 자식을 도와주는 것이다.

꿈꾸는 로망, 여행통장 마련하기

함께 여행할 동반자를 구했다면 여행자금은 어떻게 준비할까? 믿을 만한 동반자라면 미리 함께 적금을 든다. 월 10만 원씩×360개월(30년)=36,000,000원을 모은다. 은퇴 후 아직 건강이 허락하는 60~70세의 10년 동안 연 1회, 1인 기준으로 해외여행비용 3,000,000×10회=3천만 원이 든다. 50세부터 여행 자금을 동지와 함께 강제성을 띠고 적금 등으로 준비한다. 필요하다면 할부나 대출도 고려해본다.

그렇다. 모든 것은 누가 그냥 주는 것이 아니다. 스스로 부단히 노력하며 실천하고 달성해야 나의 행복을 성취하게 된다. "하늘은 스스로 돕는 자를 돕는다."는 말처럼 여행을 가고 싶은 사람은 여행을 가기 위해 노력해야 한다. 다른 곳에 돈 쓸 일이 많은 나이이지만, 그래도 여행경비를 우선순위로 먼저 떼어 저금한다. 세상을 살아오면서 우리는 실천의 어려움을 잘 안다. 과거에도 수많은 작심삼일을 경험한 우리는 강제성이 때로 도움이 된다는 것도 안다. 품위 있고 행복한 미래의 여가활동, 즉 여행을 가기 위해서 온전히 준비하고, 실천하는 삶을 살자.

돈도 있고, 동반자도 있다. 여행 어떻게 갈까?

- **해외여행**
  - 여행사별로 꼼꼼히 비교한다.
  - 3개월 전 예약하면 할인율이 높다.
  - 시간의 여유가 있으면 출발 1주일 전 세일상품도 저렴하다.
  - 여행 동반자가 많을 경우 공동경비를 준비하여 사용한다.

    (해외여행 시 여권을 복사하여 분산 보관한다.)

- **국내여행**
  - 부부동반 여행은 3가족 정도가 함께 동행하는 것을 추천한다.
  - 월 10만 원 정도씩 적립하여 3~4개월에 한 번 정기적으로 떠난다.
  - 승합차를 렌트(2박 3일)하여 교대로 운전한다.
  - 머무는 곳에서 현지의 맛집을 즐긴다

- **동아리 국내여행**
  - 동아리 구성원들과 함께 여행사 상품(1일 3~4만 원 정도)을 이용하여 당일

여행한다.

· 친구들과 등산, 기차여행, 시티투어, 수목원 등을 탐방한다.

● Tip

코레일 홈페이지에 여행상품을 검색하고 이용한다.

본인이 즐겁고 스스로 힐링이 된다면 그것이 바로 행복이다. 여행은 추억 통장이다. 나중에 건강이 안 좋아져서 여행을 가지 못한다고 해도 이 통장을 한 번씩 꺼내본다면, 행복했던 기억 때문에 저절로 즐거워질 것이다. 본인이 구체적으로 전략을 세워 어떻게든 여행할 시간을 낸다. 내가 적극적으로 만드는 것이다. 여행은 행복 발전소이다. 좋은 기억이 가득한 아름다운 통장을 음미하며 추억 속의 젊음과 함께 익어가는 것이다. 자, 이 순간부터 구체적인 실천계획으로 떠나 보지 않겠는가? 푸른 바다와 뭉게구름, 넓고 광활한 지평선을 가로지르며 달리는 차 창 너머로 보이는 풍경, 음악과 함께하는 여행 속으로 빠져 보시길 추천한다. 황금의 나이에 떠나는 황금빛 여행, 지금부터 준비하자.

우리도 독수리처럼

독수리는 40세 정도가 되면 발톱은 안으로 굽어진 채로 굳어지고, 부리는 가슴으로 구부러져 먹이를 낚아채기 힘들어진다. 또한 깃털은 두꺼워져 노쇠한 독수리가 날아다니기조차 힘들 정도로 무거워진다. 이런 상태가 되면 독수리는 먹이를 구하지 못해 그대로 죽거나 아니면 고통스럽더라도 새롭게 거듭나거나 하는 선택을 해야만 한다. 주어진 자신의 처지에 주저앉지 않고 새로 거듭남을 택한 독수리는 150일 동안 산꼭대기의 절벽 끝에 바위틈으로 들어가 스스로 목숨을 건 사투를 벌여야 한다. 절벽의 바위틈으로 들어간 독수리는 자신의 부리가 없어질 때까지 바위에 대고 친다. 그리고 새로운 부리가 날 때까지 오랜 시간을 기다린 후에 새 부리가 나면 이번에는 자신의 부리로 낡은 발톱을 모두 뽑아낸다. 시간이 지나 새 발톱이 다자라면 이제는 낡은 깃털을 하나하나 뽑아낸다. 그리고는 깃털이 다 자라날 때까지 오로지 이슬방울만 먹고 조용히 견뎌낸다. 5개월이라는 이 혹독한 시간을 버텨낸 독수리는 마침내 새 부리, 새 발톱, 새 깃털을 얻어 힘차게 하늘을 날아오른다고 한다. 이토록 모질고 처절한 자신과의 싸움에서 이긴 독수리는 무려 30~40년이나 생명을 연장할 수 있다고 한다. 제2의 삶을 힘차게 살아가는 것이다.

이제 우리는 제2의 황금빛 노년을 가꾸기 위해 어제의 삶을 돌아보고 부족한 부분을 보충하며 한 단계 업그레이드하기 위한 노년의 도전이 필요하다. 현실에 안주할 것이 아니라 우리의 노후를 위해 보석같이 갈고 닦아가며 제2의 인생의 향기를 드러내기 위해 온 힘을 보전해야 한다.

이 글은 과학적으로 입증되지 않았다. 그러나 이 글이 허구라고 해도 우리가 제2의 삶을 준비하려면 그만큼 처절한 노력을 기울여야 한다는 점을 여러분과 함께 공감하고 싶다.

|최영귀|

평생 일터와 가정에서 열심히 일하며 살아온 만큼, 여가도 맹렬히 즐기고 있다. 요즘도 활발하게 봉사활동도 하며 주변인들과 자주 여행하면서 삶을 더 풍요롭고 행복하게 만들고 있나.

6장

새로 직업 갖기

현재와 미래에는 이런 직업이 | 김규진

H씨는 자녀가 대기업 연구소에 입사한 후 1년도 안 되어 그만두는 것을 보고 몹시 충격을 받았다. 본인의 적성에 안 맞고, 일이 너무 힘들다는 것이 이유였다. 본인이 늘 꿈꿔왔던 요리사의 길을 가기 위해 학원에 등록했다.

P씨는 서울의 명문대학 졸업을 앞두고 있다. 여러 차례 졸업을 유예하며, 여기저기 입사지원서를 내고 있다. 백여 군데 회사에 지원했지만 모두 떨어졌다. 여태 뒷바라지해주신 부모님 뵐 면목도 없고, 주변에서 나만 취직 못하고 있는 것 같아 마음이 괴롭다.

T씨는 45세에 명예퇴직을 했다. 회사에 다닐 때는 재취업이 어려울 것이라고 한 번도 생각해보지 않았다. 막상 퇴직 후에 여러 직업소개사이트를 찾아봤지만, 원하는 일자리를 구할 수 없었다. 급여 수준도 예전 직장과 비교하면 절반도 안 되는 곳이 대부분이고, 업무도 단순 업무에 가까웠다. 여기저기 지원을 해봐도 면접 기회조차 주어지지 않았다. 무엇이 잘못된 것일까? 마음이 점점 조급해지고 있다.

요즘 직업은?

직업에 대한 사람들의 인식이 달라졌다. 이 현상은 젊은 층에서 더욱 급속하게 일어나고 있다. 예전에 환영받던 직업이 젊은 층에게는 더 이상 매력적이지 않다. 진입 자체가 어려운 직업 분야도 있고, 설사 어렵게 그 분야에 진입했어도 그 직업이 본인 삶에 만족을 주지 않기 때문이다. 이 때문에 부모 자식 사이에 갈등이 야기되기도 한다. 부모가 원하는 직업과 자식이 원하는 직업이 다를 때도 있다. 부모 입장에서는 본인이 살아온 시대 환경과 경험에 의해 좋다고 판단한 직업을 자식에게 권한다. 그러나 자식 입장에서는 부모가 권하는 직업이 본인 적성에 맞지 않거나 전망이 없다고 판단한다. 때로 부모의 말을 따라 시도해 보기도 하지만 아무리 노력해도 만족할 만한 결과는 나오지 않는다.

스마트폰이 등장한 이후, 유망 직업의 변화는 속도를 따라잡기 힘들 정도이다. 농경사회에서 산업, 정보, 지식, IT 기반 사회로 이행되어 올수록 직업 변화에 엄청난 가속도가 붙었다.

요즘 산업 현장의 구인 분야는 직업사이트의 구인란을 살펴보면 잘 알 수 있다. 직업사이트마다 주로 구인하는 직업군에 있어서 약간의 차이가 있으니 여러 사이트를 검색해보고 본인이 희망하는 직업을 찾는 것이 좋다.

· 고용노동부 워크넷 www.work.go.kr

· 잡코리아 www.jobkorea.co.kr

· 파인드잡 www.findjob.co.kr

· 사람인 www.saramin.co.kr

· 알바워크넷 www.work.go.kr/alba

· 벼룩시장 job.findall.co.kr

아래 사이트에서는 무료검사를 다양하게 제공한다. 검사를 통해 자신의 직업적성과 심리를 알아보고, 직업훈련을 통해 직무 능력을 향상시킬 수 있으며, 정부의 고용정책에 대해서도 자세히 알아볼 수 있다.

· 고용노동부 워크넷 www.work.go.kr

· 산업인력관리공단 www.hrdkorea.or.kr

· 커리어넷 www.career.go.kr

정부의 고용정책에 대해 잘 알고 있다면, 자신의 상황에 맞는 취업과 역량 강화교육을 선택할 수 있을 것이다.

국가직무능력표준

구인 조건에 나이, 성별, 학력 등에 표면적으로 제한이 없는 것처럼 보이지만, 실제 구직 당사자들은 피부로 잘 느껴지지 않는다.

다행스러운 것은 현재 정부에서 NCS(National Competency Standards), 즉 국가직무능력표준을 기준으로 인력 채용을 권장하고 있고, 이미 130개의 공공기관을 중심으로 시행하고 있나는 점이다.

B씨는 고등학교를 졸업하고, 신의 직장이라고 일컫는 한 공공기관에 정
규직으로 취업했다. 정부의 고졸자 채용 권장 비율 안배로 취업 기회를 얻
을 수 있었다. 입사 후, 가장 아래 직급부터 시작했지만, 본인 고유의 업무
를 맡아 일할 수 있고, 학력에 관계없이 대졸자와 똑같이 승진할 수 있어서
만족스럽게 직장생활을 하고 있다.

D씨는 대학을 다니다 1학년을 마치고 한 공공기관에 합격했다. 비결은
바로 일찍부터 NCS방식으로 취업준비를 했고, 시험을 봐서 당당히 합격하
게 된 것이다. 학업 계속과 취업 중에서 잠시 고민했지만, 학업을 과감히
포기하고 현재 직장에서 열심히 일하고 있다. 비싼 학비로 인한 부모님의
짐도 덜어드렸고 일찍 돈을 벌게 되어 스스로 자부심도 생겼다. 지금은 자
신의 선택에 아주 만족하며 일하고 있다. 대학을 졸업하고도 태반이 백수
인 현재 한국의 취업 실정을 잘 알고 있는 주변 친구들의 부러움을 한 몸
에 받고 있다.

정부는 NCS를 산업현장에서 직무를 수행하기 위해 요구되는 지식·기술·
소양 등의 내용을 국가가 산업부문별 및 수준별로 체계화한 것으로, 산업
현장의 직무를 성공적으로 수행하기 위해 필요한 능력(지식·기술·태도)을 국가
적 차원에서 표준화한 것이라고 정의한다.

또한 NCS는 한 사람의 근로자가 해당 직업 내에서 소관 업무를 성공적
으로 수행하기 위해 요구되는 실제적인 수행 능력을 의미하며, 해당 직무를
수행하기 위한 모든 종류의 수행 능력을 포괄하여 제시한다고 밝혔다. 기
존의 채용방식은 구인 조건에 있어 나이, 성별, 학력 등에 제한이 있었으나

이를 대폭 개선한 것이다. 즉, 산업 현장에서 요구되는 지식·기술·태도에 국가직무능력표준을 적용하여 자격·경력개발·기술훈련을 통하여 산업현장에 적합한 인적자원을 개발하고 채용을 유도하는 방식이다.

나이, 성별, 학력 등의 제한으로 구직에서 어려움을 겪었던 사람이라면 이 방식을 적극 활용해보자.

직업교육

폴리텍대학 등 각종 직업훈련 유관단체에서도 유·무료로 직업교육을 시행하고 있다. 이들 단체는 정부의 지원을 받아 실업자교육, 재직자교육, 경력단절여성교육 등 취업을 위한 다양한 직업교육을 시행하고 있으니, 새로운 분야에서 새로운 직업을 모색하는 사람이라면 가까운 교육기관을 찾아 참여해보자.

미래 직업은?

세상이 급변하는 만큼 미래 유망직업과 유망직종을 쉽게 예측할 수 없다. 단지 우리나라는 초고령 사회 진입을 눈앞에 두고 있다는 점, 과학과 의료기술이 더욱 고도로 발달할 것이라는 점, 1인 가구가 급속히 증가하고 있다는 점에서, 미래 직업에 대한 힌트를 조금은 얻을 수 있다. 워크넷의 직업정보에서 소개한 미래를 함께할 새로운 직업을 살펴보고자 한다. 정부에서는 법·제도 구축, 세분화 전문화, R&B 투자, 공공 서비스 기반 구축, 민간시장 자생 지원 등의 분야로 나누어 다음과 같은 직업을 소개하고 있다.

구성요소민간조사원, 전직지원전문가, 산림치유지도사, 연구장비전문가, 연구실안전전문가, 온실가스관리컨설턴트, 화학물질안전관리사, 협동조합코디네이터, 소셜미디어전문가, 연구기획평가사, 인공지능전문가, 감성인식기술전문가, 정밀농업기술자, 도시재생전문가, 빅데이터전문가, 홀로그램전문가, BIM(빌딩정보모델링)디자이너, 임신출산육아전문가, 정신건강상담전문가, 과학커뮤니케이터, 기업컨시어지, 노년플래너, 사이버평판관리자, 가정에코컨설턴트, 병원아동생활전문가, 기업프로파일러, 영유아안전장치설치원, 매매주택연출가, 이혼상담가, 주변환경정리전문가, 애완동물행동상담원, 신사업아이디어컨설턴트, 그린장례지도사, 생활코치, 정신대화사 등이 제시되어 있다.

각 직업의 상세한 직무내용을 알고 싶다면 워크넷의 '미래를 함께할 새로운 직업'에 자세히 소개되어 있으니 참조하자.

창직 Job Creation

　고도의 IT산업 발달은 사회 및 생활상의 급속한 변화를 촉진하고, 기존에 존재하지 않았던 새로운 직업을 속속 만들고 있다.

　정부는 창직을 창조적 아이디어와 활동을 통해 스스로 새로운 직업을 발굴하고 이를 바탕으로 노동시장에 진입하는 것이라고 말한다. 또한 문화, 예술, IT, 농업, 제조업 등 다양한 분야에서 창조적 아이니어와 활동을 통해 자신의 지식·기술·능력·흥미·적성 등에 부합하는 기존에 없던 직업을 창출하는 것이라고 정의한다.

　아울러 다양한 변수에 의해 만들어질 수 있는 직업을 다음과 같이 소개하고 있다.

　건축여행기획자, 장애인여행코디네이터, 의료관광시어지, 농산물꾸러미식단플래너, 시니어여가생활매니저, 시니어전화안부상담사, 자기성장기간(갭이어)기획자, 홈스쿨코디네이터, 여행비디오창작자, 창작자에이전트, 스포츠영상전문가, 캠핑비즈니스전문가, 트리클라이밍지도사, 유휴공간활용컨설턴트, 주택하자평가사 등이 제시되어 있다.

　각 직업의 상세한 직무내용을 알고 싶다면 워크넷의 '우리들의 직업 만들기'에 자세히 소개되어 있으니 참조하자.

　시대에 따라 유망한 직업도 변한다. 물론 직업이 자신의 적성과 흥미에도 적합하여야 오랫동안 성공적으로 수행할 수 있다. 늘 정부의 고용 정책에 관심을 갖고 긴밀하게 살펴보자. 시대가 요구하는 직업을 살펴 선택하고 그에 합당한 능력을 갖추기 위해 끊임없이 직업교육을 받는다면, 미래의 변화된 직업 세계에서도 성공적으로 적응하며 변화하고 발전해 갈 수 있을 것이다.

|김규진|

오랫동안 중국어 교육 분야에서 일하다 새로운 직업에 대해 열린 마음으로 도전하고 있다. 교육시간이 250시간 가까이 되는 노후설계컨설턴트 교육을 성실히 이수한 후, 첫 번째로 도전한 생산적인 일은 이 책을 구상·기획한 후, 교육에 참여했던 동료들과 함께 집필한 것이다.

노인에게는 이런 직업이 | 박태안

"긴 세상을 어찌하고 사나!" 하기가 무섭게 "운동을 해라, 악기를 배워라, 신앙생활을 해라, 인생을 즐기고 여행을 해라, 배워라, 뭘 먹어라 등등, 이렇게 살아라, 저렇게 살아라." 하고 사람들이 이야기하는 것을 듣는다. 그래야 한다. 당장 해야 한다. 그런데 다 하려고 덤비면 미칠 수도 있겠다 싶다. 모든 것이 흔해지면 고맙지 않게 된다. 느린 속도가 나에게 허락된 시간이다. 한 박자씩 쉬고 갈란다. 나는 나이 들어서 갖게 된 직업이나 일감, 봉사 등에 경계를 가지지 않으려 한다. 직업도 봉사하는 자세로, 봉사 또한 직업의식과 책임감을 갖고 임하려 한다. 주변에 조금 소외된 사람도 내가 먼저 찾아다니며, 언제나처럼 잘 지내고 싶다. 내가 먼저 찾아간들 사람들에게 무슨 특별한 것을 바라고 원하겠는가. 일상적인 친구 모습처럼 대하고 씩 웃고 가는 늘 평안한 이웃이 되어 나는 살아가련다.

직업의 의미는 무엇일까?

나의 사전적 의미는 먹고살기 위한 방편이고, 국어사전적 의미는 개인이 사회에서 생활을 영위하고, 수입을 얻을 목적으로 한 가지 일에 종사하는 지속적인 사회 활동이다.

나는 육십이 넘으면 생계를 위해 일하지 않으리라 생각했다. 그러나 정작 그 나이가 되니 슬슬 불안해지면서 남들은 어떻게 지내는지 엿보게 된다. 나는 가방끈도 짧고 소싯적부터 바느질이나 뜨개질을 잘했다든가, 아님 손맛이 좋아 여기저기 잔칫집에 불려가 실력발휘를 한다든가 하는 이런 특별한 장기가 없었다. 그런데도 아직까지 특기가 없어서 사는 게 불편하거나 방해를 받아 곤란한 적은 없었다. 뭐든 잘하면 좋겠지만, 흥미가 없어 못하는 걸 어쩌겠는가! 이렇게 말하면 참 아줌마가 배짱도 좋다고 할지 몰라도 말이다. 남은 인생에서는 직업이 꼭 있어야 한다고 본다. "제대로 하는 것도 없이 직업은 그 나이에 무슨!"이라고 사람들이 말한다고 해도 말이다. 노후는 생각보다 길고, 이 긴 명줄을 감당하려면 직업은 꼭 필요하다. 등소평이 말했다. "부자가 될 수 있는 사람부터 먼저 부자가 되어라." 모두가 똑같은 소득과 권위를 가지고 살 수는 없다. 그것은 정당하지도 공평하지도 않다. 나는 정당한 노력으로 능력에 맞는 일을 하고자 한다. 머리가 안 따라주면 몸으로 하는 일을 하면 된다. 연식이 오래된 몸이라 남들이 하는 표준시간만큼 길게는 못 하겠지만, 일할 수 있는 만큼 일하고, 계산은 법대로 받으면 되는 것이다. 이렇게 나는 직업도 맞춤형으로 잡아 놓고, 내 나잇값은 하려고 한다.

직업이 생겨 일을 하면 사회참여, 조직구성원, 소속감도 느껴지고 직업인의 자세, 일에 대한 보람도 추구할 수 있다. 약간의 스트레스는 오히려 삶에 긴장을 줌으로써 활력을 주고, 몸을 움직이니 절로 건강해질 수 있으니, 직업이 주는 효과는 무척 많다. 마다할 이유가 없다. 직업을 갖고 싶고, 직업을 통해 행복해지고 싶지만, 사실 할 수 있는 일도 많지 않아 선택의 폭이 좁다는 걸 나는 인정한다. 능력의 문제임을 말이다. 그럼에도 찾아보면 내 나이에도 일할 수 있는 곳은 있다.

• 노노케어 일자리사업

노노케어는 건강한 고령자가 거동이 불편한 고령자를 방문하여 말벗이 되어주고 청소나 세탁, 취사 등 일상생활을 도와주는 것이다. 일자리를 희망하는 사람은 사회에 공헌하면서 일을 할 수 있고, 독거노인은 무료로 서비스를 받을 수 있어 만족도가 높다.

· 참여대상: 만 65세 이상(저소득층은 우선 선발)

· 참여방법: 본인 거주지 시, 군, 구청이나 노인복지관, 시니어클럽 등에서 신청하면 된다.

· 준비서류: 참여신청서(관내비치), 주민등록등본, 건강보험자격득실확인서(최근 1개월 이내), 개인정보동의서

• 생활관리사

독거노인들을 위한 정기적인 방문과 전화를 통한 안전 학인, 긴깅, 영앙관리 등 독립적인 생활을 유지 할 수 있도록 생활교육을 한다. 또한 독거노

인이 개별기관에서 실시하는 서비스도 연계해 받을 수 있도록 지원해 주는 역할이다. 보건복지부의 주관으로 전국적 생활관리사 파견사업을 진행하고 있다.

· 참여대상: 만 65세 미만의 방문활동이 가능한 신체 건강한 자, 사회복지사, 요양보호사 또는 자원봉사 경력자 우대

· 참여방법: 각 구의 노인종합복지관 홈페이지 공고 참조

· 준비서류: 이력서, 자기소개서, 증명사진 1매, 주민등록등본 1부, 최종학교 졸업증명서

• 한국 국학 진흥원

개인이나 문중에서 보관하고 있는 자료, 고문서, 유물, 현판, 목판 등을 기탁받아 관리해 주는 곳이다. 소유권은 원 소장자에게 그대로 인정해 주고 기탁받은 자료나 유물 등은 훼손방지를 위해 세척이나 방재 처리 후 전문 연구자들의 연구 자료로 활용된다. 이후 전시를 통해 일반인들에게도 공개하며 그 시대의 생활상과 선조들의 학문과 예술세계를 재조명하며 우리의 전통을 느껴볼 수 있는 곳이다. 문화체육관광부와 공동으로 개최하는 사업의 일환으로 '아름다운 이야기 할머니 교실'이 올해 8회째 실시될 예정이다.

· 주관: 문화체육관광부/한국국학진흥원

· 모집분야: 제8기 아름다운 이야기 할머니

· 모집일시: 1월 ○○일 홈페이지참조 공개모집

· 사업목적: 할머니들의 따뜻한 무릎교육을 통해 유아들의 인성을 함양하고, 어르신에

게는 사회참여 기회를 제공하는 사업

· 활동력: 2009년 30명의 이야기 할머니로 시작하여 올해 2천 100여 명의 할머니와
전국 6천여 유아교육기관이 참여

· 대상: 만 56세(1959년생)~만 70세(1945년생)까지 고정된 직업이 없는 여성 어르신으로 이
사업에 남다른 관심과 열정을 가지신 분

· 지원서접수: 한국국학진흥원 이야기 할머니 사업단

· 서류심사와 면접심사를 거쳐 이야기 할머니 선발

· 문의 전화: 한국국학진흥원 이야기 할머니 사업단 (080-751-0700).

합격 후에는 선발된 예비 이야기 할머니는 2박 3일 과정의 신규교육과 월
례교육(서울, 대구, 부산, 대전, 광주, 제주)을 포함해 연간 70여 시간 교육을 거친
후, 거주지역 인근의 유아교육기관에서 활동을 시작할 수 있다.
일거리도 뒤져보면 나이가 들었어도 넘쳐 나기만 한다.

● Tip - 노인직업사이트

시니어일자리 www.seniorwork.net

큰바위문화복지 www.grandrock.net

송파시니어클럽 www.scsongpa.or.kr

|박태안|

최근 대학을 졸업한 만학도. 여성의 학업이 여러 사정에 의해 무시되던 시기에 일찍이 산업 역군으로 대한민국 발전의 주역이 되었다. 주변의 질시에도 아랑곳없이 공부를 향한 가슴 속 그리움을 조용히 행동으로 옮기며 묵묵히 학업에 몰입하여 행복을 느끼는 실천가이다.

행복한 봉사 | 박태안

　실제 나는 도시락봉사를 시작으로 타지역에서 실시하는 '독거노인 현황 전수조사'를 한 적이 있다. 때는 1월이었고 Y동은 지대가 높다. 내 손에는 카드지와 주소만 달랑 있었다. 목에 명패를 걸고 직접 방문하였다. 길은 낯설었다. G구에 독거노인 세대는 약 5,300여 세대가 있었고, 실제 거주자는 4,900여 세대가 있다고 했다. 적잖은 수인데 만남은 쉽지 않았다. 그래도 대여섯, 일곱집 정도 지나다 보면 만나 보게 되는 분들이 있다. 탐탁지 않은 표정을 보이긴 했어도 나를 내치진 않았다. 난 교육받은 자의 모양새를 부리며 내 몸을 그들 주거지로 밀어 넣었다.

　나이 들어 넉넉해지는 것은 시간뿐이다. 어느 날 허전한 손을 보며 문득 드는 생각이다. 길어진 노후에 대해 연일 이야기는 쏟아내지만 확실한 대안을 제시하기는 너나없이 어렵다.

　긴 명줄도 까딱하면 죄가 되는 시대이다. 나는 딱히 경제적으로 내어놓을 것도 없고 무엇 하나 특별히 잘하는 것도 없다. 거기다 신체가 튼실한 것도 아니고 내가 줄 수 있는 건 시간뿐이다. 내가 감당하기 힘든 특별한 봉사와 신체 봉사를 제외하고, 나에게 맞춰서 하는 맞춤형 봉사로, 그것도 일주일에 두세 번 정도만 한다. 사람들은 베풀고 나누면서 더 많은 것을 얻는다고 한다. 삶의 만족도가 높아지고 자신이 누군가에게 필요한 존재가 되면서, 봉사는 그 이상의 의미가 된다. 참말로 아름다운 사람들도 많다. 나는 어느 정도는 내 단점을 알기에 나이 들면 내가 사람을 찾아가야 한다는 것을 안다. 내 것을 들고 쓰고 다녀야 한다. 그래야 사람이 만나진다.

봉사도 맞춤형으로 해야 재미있고 오래할 수 있다고 오래전부터 생각은 했다. 일에 대해 신중하게 생각을 깊이 하는 것처럼 보였지만, 정작 이리저리 재느라 시간만 잡아먹곤 했다. 그러다 보니 처음 시작할 때, 봉사는 나에게 여가선용의 기회도 되어야 하고 건강유지에 도움도 되어야 하고 정서적 안정감도 얻을 수 있어야 한다고 생각했다. 단 몇 시간 동안 봉사를 하면서, 나는 봉사한다는 것을 여기저기 우려먹을 작정으로 대들었다.

사례의 전수조사의 이야기를 계속 이어가자면, 봉사활동이라고는 하지만 어려움이 많았다. 너무 추워서, 묻고 써야 하는데 펜이 써지질 않았다. 어르신들의 실제 사회활동에 대해 물었다. 이웃 관계, 식사횟수, 건강상태, 경제상태, 주거환경, 불편사항, 욕구 부분 등을 물어야 할 것도 많았다. 그분들의 답을 얻으려면 간간이 미소도 필요했고 만담도 필요했다. 그러면서도 빨리빨리 묻고 재빨리 체크하려고 했다. 그런 다음 넘어갔다.

대개는 인기척이 있어도 한참 있어야 문이 열리는데, 어느 집은 하수도 악취가 역했다. 어디 부분에 배수가 안 되는지 냄새도 많이 나고, 컴컴하기도 하고, 낯선 사람을 경계하는 듯 보였다. 이러저러한 경위를 말씀드리며 "어르신이 조사에 응해주신 내용을 기초자료로 좀 더 편히 지내실 수 있게…." '사회 안전망 구축', '편의 제공', '더 나은 복지서비스' 등을 운운하면서 카드지에 그분들의 이름이 쓰였다. 그리고는 다시 문이 열리는 집으로 이동했다. 그곳 역시 어둡다. 실내가 어두워서 적막해 보였다.

대낮인데도 고요했다. 언제 벗어둔 옷인지 여기저기 옷들이 수북이 누워 있었다. 방문했던 집마다 방 안에는 어김없이 빨랫줄이 있었는데, 춘하추동 옷들이 다 함께 매달려 있다. 큰 농이 있어 슬며시 살펴보니 농 안에 자리도 넉넉한데, 옷은 매달린 채 있다. 오전에 들러본 한 어르신 댁은 싱크대 찬장이 별로 높지 않은데도 냄비, 그릇들을 그냥 바닥에 다 내려놓고 쓰고 있었다. 바닥의 냄비, 그릇 안에는 음식이 조금씩 들어 있었다. 음식물이 들어 있는 그릇들이 저리 놓여 있으니 내가 뭔가 싶어 뚜껑을 만지는데 바퀴벌레와 마주쳐 서로 놀랐다.

처음에는 대상자들이 문항대로 조심해서 묻고 해도 신통치 않게 반응했다. 그러다가도 말문이 열리면 물꼬 터지듯 말씀이 거듭 이어져서, 도리어 어르신의 말을 끊고 제어하기가 어려웠다. 말머리를 다른 화제로 돌려야 다음 문항으로 진행이 되고, 사인을 받아야만 한 집을 마치는 것이라서 방문이 많아질수록 더욱 문항에만 집중하며 다녔다. 냄새도 배수도 환경적 불편함도 사실 내가 어떻게 해드릴 수 있는 것도 아니었기에, 눈에 보이는 열악함에 대한 이유를 묻지 않았다. 봉사자로 시작한 일을 마치 직업인인 조사자처럼 일을 마쳤다. 카드작성을 무슨 목적 지향 실적 위주인 듯 그렇게 말이다.

문항지 어느 부분에서 그들이 더 힘들어 하는지, 더 웅크리는지, 나는 똑

바로 바라보려 하지 않았다. 그분들 말에 끄덕이는 배려도 하지 못했고, 어르신들 입장에 나의 눈빛을 보태지도 못했다. 나는 어서 지나가고만 싶었다. 봉사의 봉도 모르면서 봉사의 의미만 훼손한 것이다.

이런 얼굴 붉어지는 경험이 있었지만, 그래도 봉사는 이어 가고 있다. 애당초 맞춤형을 선택했다. 내 단점이 무엇인지 잘 안다. 그래서 매번 신인처럼 쑥스럽게 봉사활동을 이어간다.

다른 봉사 경험

한동안 재가복지센터에서 오전 근무 일을 했었다. 집에서 15분 걸어가는 지층 빌라였다. 노부부만 사셨는데 86세 된 남성은 치매, 당뇨, 고혈압, 편마비로 집 안에서도 휠체어로 움직이셨다. 그런데 실제로는 할머니 상태가 더 안 좋으셨다. 허리는 거의 90도로 꺾였고, 심장 수술도 받아 몸 여기저기가 아프고 많이 불편해하셨다. 아드님만 넷을 두셨는데 며느리들은 직장을 다니는 데다, 하는 일들이 많아 늘 바쁘다며 내게 눈을 꿈적이며 귀띔해 주셨다. 그래도 두 분 드실 밑반찬이라며 나르는데, 그냥 반찬 꾸러미를 현관에 서서 주며 내 앞에서 차 키를 흔들곤 했다. 급해서 차를 그냥 아무 데나 대놨다고 한다. 골목이라 차를 어디 대기도 어렵다고 했다. 어떤 때에는 전화로 나를 불러 아예 차 안에서 반찬과 크림빵(우리아버님은 빵을 좋아하신다며)이 담긴 봉지를 주기도 했다. 나는 묘하게 심사가 뒤틀렸다. 그러면서도 집에 들어가서는 내 심사와 달리 딴소리를 하곤 했다. "며느님들이 어쩌면 이렇게 솜씨가 좋으냐.", "나도 가지에다 고기를 다져 넣고 볶아봐야겠다.", "고기가 연하기도 하다.", "그 가게 빵이 비쌀 텐데 좋아하시는 거 알고 많이도 보냈다." 등등 두 분 식사 준비를 해 드리며 마구 지껄였다. 내가 하는 소리를 두 분이 싫어하지 않았다. "작은 애는 친정이 식당을 해서 보고 배운 게 많지!" 하셨다. 늘 냉장고엔 음식들이 가득했다. 오래되고 안 잡수시는 것이 태반이었지만 버리기를 아까워하신다.

나는 이틀에 한 번은 청소를 하고 가끔은 집 안 정리도 해 드렸다. 남의 서랍과 장 속을 들여다보는 건 허락과 믿음이 필요하다. 난 두 분을 한 달에 한 번씩 병원에 모시고 다녔다. 그런 날은 집에서 차를 가져와 한 분씩 부축해 가며 차에 앉혀 드리고 병원에 도착해서는 안내데스크로 가 비치된 휠체어를 끌어다 앉혀 드리곤 했다.

그리고 또 며칠 지나고 나면 집 안 정리시간이라면서 온갖 구닥다리 집기들을 접어놓고 들여놓고 봉지에 싸놓고 하면서 동시에 냉장고에 들어앉은 오래된, 가득 채워진, 보고 배운 게 많은 며느리의 음식을 갖다 버렸다.

여름엔 양천여성교실에서 미용을 배워봤다. 손재주가 너무 없어서 겨우 이발 정도에 그쳤다. 어르신 모시고 이발소에 가는 것도 번거롭고 해서, 집에서 이사할 때 쓰는 커다란 보자기를 가져가 할아버지 어깨에 감싸 놓고는 쓰륵쓰륵 깎았다. 금세 훤한 장부가 나타났다며 시원한 게 좋다고 셋이서 연신 웃었다.

구월이 왔다. 할머니는 밤에 한 번 잠이 깨면, 뜬눈으로 날을 새서 너무 힘들다고 하셨다. 할아버지가 한밤중에 부석부석 대고 뭐라고 웅얼대서 통잠을 이룰 수 없다고 하셨다. 그래서 몸이 더 콕콕 쑤셔대며 아프다고 하셨다. 주말에 아들 넷이 모여 아버지를 근처 요양원에 모시기로 의논을 했다. 몇 날이 가니 요양소 입소 날이 왔다. 할머니는 옷가지며 가져갈 것도 챙겨야 되고 깨끗이 목욕도 시켜드려야 한다고 분주해 하셨다. 강원도에 사는 큰아들과 넷째 아들이 와서 우두커니 서 있다. 우선 목욕탕에 물을 받아 일단 어르신 목욕부터 시킨 후 준비물은 챙기자고 했다. 어르신을 의자에 앉혀놓고 할머니가 옆에서 붙잡고 해서, 얼른얼른 씻겼다. 살점 하나 없이 바싹 마른 앙상한 갈비가 딱딱 부딪쳤다. 아직은 덥고 해서, 반팔과 긴팔, 속옷, 양말, 추리닝 바지, 세면도구, 샴푸, 로션, 거울, 사진, 손톱깎이 등을 챙겼다. 할머니가 과자도 플라스틱 용기에 넣으라고 하셨다. 어르신들 식사 준비까지 해 드리고 나니 오전 시간이 후딱 지나갔다. 작별의 시간이 왔다. 어르신 덕분에 감사히 잘 지냈다고 말했다. 평안히 안녕히 가시라며 손을 잡아드리고 웃어 보였다. 애써 담담하려 했고, 침착하려 했지만, 애 떨어진 어미처럼 가슴이 쓰리고 아팠다.

● Tip

노후대비를 위한 직업을 가져보려고 요양보호사교육을 받았고, 앞의 사례와 같은 봉사활동을 할 수 있었다. 표준교육시간은 240시간이었고 이론, 실기, 현장실습은 각각 80시간씩을 했다. 노인요양기관과 재가 요양 서비스 부분에서 각각 40시간씩 현장실습도 했다. 기관에서의 실습은 기존 요양사들과 아침 출근부터 시작해 똑같이 했다. 실습을 잘해야만 시험을 볼 수 있는 자격이 주어지기에 다들 긴장하며 했다. 나는 단국고등학교에서 2013년 시험을 보았다. 요양보호사도 국가고시인 데다, 여성들이 비교적 접근하기 쉬운 자격증으로 초고령 사회를 대비해서 준비해 놓는 것도 꽤 괜찮다. 또한 '장애인 활동 보조인' 교육도 받아두면 유용하다. 장애인이 활동하는 데에 도움이 되도록 어떻게 보조하면 되는지에 대한 방법을 교육받는 것이다. 사회복지사, 간호조무사, 요양보호사 자격증이 있으면, 일주일 교육 40시간 중 20시간만 교육에 참석하면 수료증을 받을 수 있고 일주일의 정규교육 후 활동보조인 일을 직업으로 할 수 있다. 물론 봉사도 할 수 있다. 교육은 국회의사당 전철역에서 가까운 '한국장애인자립생활센터'에서 받을 수 있다.

| 박태안 |

나이에 관계없이 늘 공부하고 일하며 봉사활동을 하고 있다. 동년배에게는 익숙하지 않은 컴퓨터와 스마트폰도 생활에 불편하지 않을 만큼 능숙하게 다루며, 시대에 발맞춰 살아가고 있는 여성이다.

이력서와 자기소개서 작성하기 | 탁위향

　Y씨는 대기업에 입사해 6년 동안 근무하다 결혼하고 직장생활을 이어가다 출산으로 퇴사해 전업주부로 살았다. 두 아이를 키우며 정신없이 살다가 작은 아이가 고등학생이 되고 시간적 여유가 생기자, 불현듯 자신의 삶에 허무함을 느끼며 다시 일을 하고 싶다는 생각이 들었다. 하지만 나이와 경력단절의 기간이 길고 또한 어디서 어떻게 취업할 수 있는 곳을 알아봐야 할지 막막하기만 하다. 게다가 이력서와 자기소개서를 작성해야 서류 접수라도 해볼 텐데, 지금은 80년대에 써 본 이력서 양식과는 트렌드가 많이 달라졌다고 하니 더욱 걱정이다. 90년대 초반까지는 대다수의 기업이 이력서 제출 요구와 면접만으로 직원을 뽑았기 때문이다.

대안 찾기

• 국가직무능력표준(NCS)

　고용노동부와 한국산업인력공단은 산업현장의 변화와 요구에 부응할 수 있는 인력을 체계적으로 양성하기 위하여 NCS(national competency standards) 를 기반으로 능력 중심 채용을 권장하고 있다.

NCS란 산업현장에서 직무를 수행하기 위해 요구되는 지식, 기술, 소양 등의 내용을 국가가 산업부문별 8단계 수준별로 체계화한 것으로 산업현장의 직무를 성공적으로 수행하기 위해 실제 필요한 능력을 국가적 차원에서 표준화한 것이다. 인적자원개발의 핵심으로 기업체, 교육훈련기관, 자격기관에서 다양하게 활용이 되고 있다.

기업체에서는 경력개발경로, 직무기술서, 채용 배치 승진 체크리스트, 교육훈련기관에서는 교육훈련과정, 훈련기준, 모듈 교재 개발, 자격기관에서는 출제기준, 검정문항, 검정방법, 자격종목개편 등의 기능을 담당하며 다방면에서 활용이 되는 국가의 기준이니 한 번 살펴보고 서류준비를 한다.

오랜 경력 단절과 나이로 인한 자신감 결여로 새로운 환경에 적응하기가 쉽지 않기 때문에 먼저 아래 제시한 내용을 고려해서 시작해 보자.

· 개인의 적성, 성격, 흥미, 직업 가치관

· 산업구조의 변화와 유망 직종

· 직업 및 직무의 특성

· 개인의 능력, 신체적 조건, 전공(잘할 수 있는 일)

· 임금 수준과 근로조건, 통근 거리, 직장의 특성

이력서 작성기준

보편적으로 이력서는 학력, 경력, 자격사항을 적는데, 자칫하면 장황하게 늘어놓아 자신을 설명하려는 과오를 범하기 쉽다. 고용주 측의 인사담당자는 특정 업무에 필요한 사람을 찾는 것이지 그 사람의 역사를 알고자 하는 것이 아니다. 먼저 구인처의 구인조건을 숙지하고 거기에 맞는 관련 정보를 효율적으로 작성하여 나에게 관심을 갖게 해야 한다.

인사담당자는 한 사람의 이력서를 꼼꼼히 들여다보고 숨겨진 나의 자질을 찾아낼 만큼의 시간적 여유가 많지 않다. 1장의 이력서를 검토하는 데 걸리는 시간은 평균 30초로 길어야 2분을 넘지 않는다고 한다. 한눈에 특정 업무를 잘 감당할 수 있고 조직에서도 원만한 인간관계를 유지할 것 같다는 신뢰감을 주는 것이 이력서를 작성할 때의 핵심 포인트다. 각각의 세부사항을 살펴보자.

• 사진

고용 노동부의 표준 이력서에는 외모로 인한 선입견을 배제하고자 사진을 첨부하지 않는 이력서를 추천하고 있으나 현실은 그렇지 않은 경우가 많다. 계절 감각이 없는 옷차림이 좋다. 블라우스나 셔츠 위에 정장이 좋으며, 단정하고 화사한 표정의 메이크업에도 신경을 써야 한다. 그리고 요구하는 규격에 맞춰라. 사진 사이즈를 맞추지 못하는 것에서 그 사람의 컴퓨터 활용능력을 예측해 볼 수 있다.

• **성명**

한글이 일반적이나 한자나 영문을 요하는 경우도 있다. 영문은 순서대로 대문자로 적는 것이 일반적이다. (예: HONG GIL DONG)

• **주민등록번호**

개인정보 보호에 따른 사전 사용 동의가 없을 경우 앞자리 생년월일과 뒷자리 성별구분 한 자리까지 7자리만 써도 무방하다.

• **연락처**

집 전화와 휴대전화 번호를 모두 쓰게 되어 있는 경우 집 전화가 없더라도 공란으로 두지 않는다. 본인의 휴대전화와 비상연락처로 다른 번호를 적고 관계를 적는 것이 좋다.

• **주소**

새로운 도로명 주소와 우편번호로 표시해야 하고 만약 이사가 확정되어 있다면 구인 회사와 가까운 거리의 주소를 적는 것이 유리하다.

• **학력사항**

별도의 회사양식이 없는 경우, 최근 순부터 기록한다. 대부분은 고등학교까지 기록하지만 특별한 경력사항이 없어 공란이 많을 경우는 중학교, 초등학교까지도 기록할 수 있다. 학교 이름은 줄이지 않고 정식명칭을 사용

한다. 예를 들어 서울여상은 서울여자상업고등학교로 기재한다. 학교 이름
이 바뀌었을 경우에는 현 학교명과 구 학교명 두 가지 다 쓰는 것으로 인사
담당자의 이해를 돕는다. 지금은 평생교육 시대로 정규교육이 아니라도 직
무와 관련된 교육경험이 있다면 적는 것이 좋다.

• 경력사항

먼저 1개월 이상 급여를 받고 일한 경험이라도 정리해 놓고 지원업무에
관련된 경력을 최근 순으로 기록한다. 6개월 이상 근무한 경력을 기록하는
것이 일반적이지만 채용자 입장에서는 하루라도 경험이 있는 사람이 우선
대상이 된다. 기간은 개월 단위로 작성하고 경력은 가능한 한 상세히 기록
하되 직접적으로 연관되는 업무 경험이 부족하다면 연결고리를 찾을만한
교육경험, 동아리 경험, 봉사활동 등을 기록하는 것이 좋다.

• 이력서 접수

접수 인사실무자가 여유를 갖고 볼 수 있도록 마감 2~3일 전에 접수하는
것이 좋다. 우편, 직접방문 접수 외에 메일로 접수할 경우 닉네임이 발신자
로 표시되지 않도록 확인하고 제목에는 지원분야와 이름을 기재한다 (예: ○
○분야에 지원하는 ○○○입니다). 내용에는 회사발전을 위한 간결한 인사와 함께
지원분야, 성명, 연락처 등을 기재하여 인사담당자가 쉽게 구분할 수 있도
록 한다. 회사가 지정한 양식이 없다면, 되도록 파일 하나에 모든 서류를
담고 파일명에는 자신의 이름과 이력서, 소개서라고 구분하는 것이 좋다(예:

• 자기소개서 작성 기준

지원자의 성장 과정부터 기본적인 성품, 업무역량은 물론이고 언어 구사력과 문장력까지 드러나는 것이 자기소개서다. 자신의 기술이나 능력, 지원동기, 입사 후 포부에 대하여 자신의 의지가 잘 드러나도록 표현하는 것이 관건이다. 맞춤법, 띄어쓰기는 물론이고 지원하고자 하는 기업이 제시한 양식이나 글자수에도 최대한 맞추는 성의를 보여야 한다.

• 성장 과정은 짧게 기록하라

주요 관심사, 삶의 기본토대와 가치관 형성의 배경이 되는 가족관계를 본다. 일반적인 성장 과정에 대하여는 간단히 소개하고 특별히 남달랐던 점을 전체 내용과 일관성을 고려하여 적는 것이 좋다. '몇째로 태어나 어떻게 자랐다' 보다는 부모님의 직업, 일이 자신에게 어떤 긍정적인 영향력을 미쳤는지를 적는 것이 좋겠다.

• 성격 소개

인간은 누구나 완벽하지 못하므로 장단점을 기술한다. 단, 단점을 극복하기 위해 어떤 노력을 했는지, 이러한 단점이 업무적인 면에서는 어떻게 오히려 장점이 될 수 있는지를 부각해야 한다. 예를 들면 성격이 급한 것이 난섬이라면 업무처리를 미루지 않고 빠르게 처리한다는 것이 장점이 될 수 있다.

- **경력사항은 핵심을 간단하고 정확히 써라**

자신의 모든 경력을 보여주는 것이 아니라, 채용자 입장에서 자신이 왜 지원분야에 적합한 인물인지를 일목요연하고도 구체적으로 보여주는 것이 포인트이다. 예를 들어 인사과에 근무했다면 급여 관리, 인사고과 관리, 교육 담당 등 구체적으로 기재한다. 지원 분야와 관계되는 사항을 먼저 기술하고 나머지는 뒤에 간단히 언급하는 것이 좋다. 경력사원을 모집하는 경우는 지원자의 모든 경력을 알고 싶어 하기 때문에 모든 경력과 업무실적을 총망라할 필요가 있다.

- **지원한 기업만을 위한 지원동기와 포부를 써라**

필요하다면 채용부서 담당자에게 직접 연락해서 자세히 알아보는 것도 적극성을 인정받을 수 있다. 지원하는 직종 및 지원회사의 최근 동향을 토대로 회사에 대한 개요, 경영이념, 문화와 성격 등 정보를 수집한 뒤 실현 가능성과 구체성, 그리고 측정 가능한 비전을 제시해야 한다.

업무에 대한 목표 성취나 자기계발을 위해 구체적으로 어떤 계획을 가지고 있는지도 언급하는 것이 좋다. 또한 성실하다, 책임감이 있다 등의 일반적이고 기본적인 글이나 과다한 수사법, 의미를 알 수 없는 신조어, 유행어는 금물이며 추상적인 표현은 되도록 쓰지 않는 것이 좋다. 또 비판적인 인생관이나 사회관을 나열한다면 부정적인 이미지를 심어줄 수 있다. 적극적이고 긍정적이며 다른 사람을 배려하며 협력할 줄 아는 사람이라는 인상을 줄 수 있도록 표현해야 한다.

특히 주의할 점은 이력서뿐만 아니라 자기소개서도 한 번 작성해 놓고 문구만 바꾸는 것은 금물이다. 작성한 날짜도 반드시 확인해야 한다.

· 면접 준비 기준

면접은 서류심사 후, 회사관계자와 인사담당자가 지원자를 대면하는 자리이다. 당락이 결정되는 자리이기 때문에 첫인상으로 호감을 주는 면접기술이 중요하다. 단정한 옷차림으로 10분 전에 면접 장소에 도착해서 밝은 표정으로 침착하게 대기한다. 기본 복장 외 손톱 정리, 두발 상태, 면도, 구두 손질, 액세서리, 바른 자세 등 세심한 관심을 기울여야 한다.

· 성의를 가지고 들어라

면접관이 무슨 질문을 하는지 끝까지 듣고 요지를 잘 파악한 후 대답은 2~3초 여유를 두고 너무 빠르지 않은 속도로 한다. 질문 내용을 정확히 파악하지 못했을 때는 엉뚱한 대답을 하지 말고 정중히 다시 물어본다. 대답을 할 때는 결론을 먼저 말하고 부연 설명을 하는 것이 좋다.

· 솔직한 모습을 보여라

모르는 질문을 받았을 때는 시선을 피하거나 당황하지 말고, 솔직히 잘 모르겠다고 말하고 거짓이나 과장된 답을 하지 않아야 한다. 자신의 의견이나 주장은 성의껏 최선을 다해 답하는 모습을 보여줘라.

● Tip - 성공적인 서류준비를 위한 제언

① 나 알기: 능력과 기술, 적성

② 채용회사 알기: 직무내용, 회사경영방침, 회사문화와 성격

③ 수집 정보정리 후 초안 작성: 상세항목과 내용정리

④ 내 입장이 아닌 읽는 사람, 즉 고용주의 필요에 맞게 작성

⑤ 이력서는 노동시장에 나를 잘 다듬고 포장해서 내놓는 상품

⑥ 국내 최대의 구직사이트 워크넷, 잡코리아, 사람인 등에서 채용공고 확인과 온라인

　지원 가능 여부 확인

|탁위향|

늦었다고 생각할 때가 시작할 수 있는 가장 이른 시기임을 실감하며 알아감의 재미를 뒤

늦게 맛보고 있다. 현장 실습 중 사회복지 분야에 관심을 가지게 되었고, 일과 삶의 균형을

지향하는 사람들, 사회 참여와 변화할 용기를 가진 모든 이들을 응원한다.

7장

웰 리빙과 웰 다잉

인생의 후반전을 시작하며 | 손형순

'인생은 아름다워'라는 말이 있다. 영화 제목으로도 쓰였던 문구로, 죽는 순간까지도 아름다웠던 영화의 주인공을 떠올려본다. 영화가 아니더라도 살아온 인생을 돌아보면서, 앞으로 인생을 어떻게 살아갈지 생각하면서, 인생 후반전의 시동을 건다.

생애 설계도가 필요한 이유

삶에 대한 자신만의 기준과 방식을 견고하게 만들어 놓고, 그 틀에 갇혀 힘들게 사는 사람들에게 미소를 띠게 할 말이 있다. "인생 뭐 있어?" 숨을 한 번 고르게 할 수 있는 말이다. 그런가 하면 이 말을 모토로 삼으며 낙천적인 삶만을 추구하며 사는 사람도 있다. 그렇게 인생을 되는 대로만 산다면 죽음을 맞이할 때 허망하지 않을까 생각해 본다. 사람들은 저마다 여러 가지 방식으로 삶을 살아간다. 개인에 따라 팍팍하게 살아왔든, 치열하게 살아왔든 간에 인생 후반전 시기에 한 번쯤 멈추어 삶을 바라볼 필요가 있다. 사람으로 태어나서 살고 죽는다면 삶을 어떻게 살지 생각해 볼 일이다. 의미 있고 가치 있게 살아보자는 것이 인생 2막을 시작하는 이 시점에 내린 결론이다. 나의 인생은 내가 선택하고 살아내는 것이기 때문이다.

학자들은 대체로 태어나서 초등학교 입학 전까지를 영유아기, 초등학교 시기를 아동기, 중, 고등학교 시기를 청소년기, 대학생 이후를 청년기, 40세 이후를 중·장년기, 그 이후를 노년기로 나눈다.

사람은 각각의 기간 안에서 여러 번의 인생 설계를 한다. 의식하진 못했지만 처음 초등학교 방학 생활계획표로 시작했고, 미성숙하지만 청년기에는 계획을 더 많이 세운다. 이후에는 개인에 따라 계획표를 만들 생각도 못 한 채 바쁘게 살기도 하고 인생을 계획하면 뭐 크게 달라질까? 하며 살기도 한다. 대강대강 생각하며 살기도 하고 꼼꼼하게 준비하며 사는 경우도 있다.

이처럼 사람마다 사는 방식과 사는 모습이 다르지만 예전에 인생이 60세 전후로 끝나던 시기에는 인생의 1막만 준비하면 되었다. 인생설계를 했다 하더라도 생애 재설계를 해볼 생각은 많이 하지 않았다. 자녀들을 독립시킨 후, 얼마의 시간이 지나지 않아 죽음을 맞는 시대였기 때문이다. 그저 열심히 일하며 살고 자식들을 독립시키면 보람 있는 한평생이라 여기며 삶을 마무리했다. 그렇게 인생의 1막만 생각하면 되었다.

하지만 지금은 100세 시대를 넘어 120세 시대까지도 말한다. 고령화 사회를 넘어 초고령사회를 예측하는 등 시대가 달라지고 있다. 인간의 삶이 길어지며 인생 이모작을 하고 이제는 삼모작까지 해야 하는 시대가 온 것이다.

이러한 시대에 인생 전체를 아우르는 나만의 생애 설계를 한다면 표류하는 인생을 살지는 않으리라 생각한다. 또 복잡다단한 사회 속에서 인생의 후반전을 위한 생애 재설계는 내 삶을 사랑하고 풍요롭게 하는 길이자 삶의 완성이라 할 수 있다. 작은 목표라도 세우고 실행하고 결과를 얻는다면 스스로도 만족감을 느끼게 될 터이다. 이 기회에 삶의 의미를 폭넓게 펼치는 계기로 만들어보자. 새로운 전환점을 만들 수 있다면 인생의 아름다움, 그 깊이를 더할 수도 있겠다. 1막의 인생과 같은 흐름으로 더 깊이 있게 만들 수도 있겠고, 완전히 새로운 무대의 장으로 꾸며 볼 수도 있겠다. 이 시점에, 남은 자신의 인생을 반짝반짝 빛나게 할 사람은 바로 나 자신임을 깨닫는다.

인생설계의 방향키를 다시 잡는 시점에 서서

최근 뇌 과학자들에 의하면 뇌 발달적 측면에서 인간의 최고 전성기는 40세에서 55세 사이라고 한다. 뇌 발달이 최고조에 달한다는 이 시기에 생애 계획표를 재정비하여 만든다면 좋겠다. 계획을 세우기에 늦은 나이는 없다. 그 어느 때라도 나의 인생을 돌아보고 미래에 대해 생각하는 시간을 갖는다면 인생의 후반전은 더 멋있을 것으로 기대가 된다.

일반적으로 노후설계를 한다는 것은, 넓은 의미에서 40세에서 71세를 잘 살게 하는 것이지만, 그것은 그 이후의 인생에도 긍정적인 영향을 미칠 것이다. 지금 이 순간이 인생의 작전타임 시간임을 인식하자.

긍정심리학에서 주창하는 바대로 모든 인간은 행복을 추구하는 것이 본

모습일 것이다. 그렇다면 행복한 삶을 살기 위해서 인생 후반전의 삶은 '자기 통합'을 잘해야 한다. 그래야만 노년에 자유의 삶을 살 수 있다. 자기 통합은 자신의 내면의 소리를 듣는 것이다. 내가 일상적으로 하는 선택의 기준을 의심해 보는 일이 시작점이다. 늘 하던 방식에서 탈피한 인식의 전환이 필요하다. 이러한 과정을 거치며 삶의 방향성을 찾아보고 목표를 세우고 내가 중요하게 생각하는 가치도 살펴보자.

"천 리 길도 한 걸음부터"라는 말을 생각하며 그동안 생각해보지 않던 인생설계지만 두려워하지 말아야겠다. 먼저 내가 무엇을 좋아하는지, 무엇에 흥미가 있는지, 무얼 잘하는지 알아보며 자기 이해의 토대 위에서 삶을 관조하자.

사람의 삶은 대부분 '사람과 일' 속에서 이루어진다. 우리는 '사람'의 영역에서 인간관계를 맺는 일을 성공하고자 하고, '일'의 영역인 커리어(총체적 경험)를 얻어 자신이 만족하는 삶을 영위하고자 한다. 이와 함께 면면히 살펴야 할 여러 부문으로 본인의 건강문제, 재무, 법률, 주거, 여가 시간의 문제 그리고 죽음의 문제 등이 있다.

사람들은 각각의 분야에서 조화롭게 균형이 잡힌 삶을 만들어 행복한 삶으로 노후를 맞이하기를 희망한다. 그것을 위하여 삶의 방향성을 찾아야 하겠다. 풍성하고 아름답게 마무리할 수 있도록 나를 되돌아보는 시간을 갖고 미래의 삶을 위한 인생 재설계를 해야 하겠다. 내 인생의 주인공이 '나'인 것을 상기하고 어떻게 살 것인가는 나의 몫임을 깨닫는다. 이 마음을 인생 2막을 풍요롭게 준비하고자 하는 모든 사람들과 나누고 싶다.

| 손형순 |

인생의 후반전을 아름다운 인생, 풍성한 인생으로 만들기 위해 제2의 인생설계를 위한 준비와 교육과정을 마쳤다. 이것을 계기로 변화의 바람을 원하고 새로운 길로 나아가고자 하는 사람들에게 새로운 장을 펼치도록 도와주고 지지하는 역할을 하려 노력한다.

일과 가정을 모두 지키며
행복한 노후를 맞이하는 7가지 지혜

호감주는 법 | 유병임

20대 어느 날, 커피를 마시러 동네 다방에 들어갔다. 그 시절 다방에서는 신청곡을 받아 음악을 들려주는 디제이가 있었다.

내가 다방 문을 열고 들어서자마자, 디제이가 "지금 들어오는 여자분은 아마도 국세청에 다니시는 분 같네요."라는 멘트를 날리니 다방에 있던 손님들이 나를 한 번씩 쳐다보았다.

그 말은 내가 굉장히 삭막하고 차가운 여자 같다는 느낌으로 받아들여졌다. 마음이 상한 채, 집으로 돌아왔다. 집에 돌아와 거울을 보니 정말 무표정하고 차가워 보이는 아가씨가 서 있었다. 잠깐 나의 인상에 대해서 고민해보고는 그냥 말았다. 그렇게 20~30대를 보내고 어느새 난 결혼을 해 아이를 키우고 있는 아줌마가 되었다. 이사한 곳에 앞집에 사는 이웃집 엄마를 우연히 알게 되었는데, 환하면서도 예쁘고 친절한 모습이 부러웠다. "앗!" 하는 생각과 함께 나도 내 얼굴과 이미지를 바꾸어봐야겠다는 생각이 들었다.

그 날 이후로 난 거울공주가 되었다. 수시로 거울을 보며 웃는 연습을 하기 시작했다. 한동안은 내 모습에 그다지 변화가 없는 듯하여 실망도 하였고 또 거울을 보며 괜스레 쓸데없는 행동을 하는 것만 같았다. "좋은 인상은 타고나는 것이지…"라고 생각하며 좌절하고 포기하려던 때도 있었다. 그러나 앞집 엄마를 볼 때마다 "다시 시작!"을 스스로에게 되뇌었다.

다른 사람들도 마찬가지이겠지만, 그동안 살면서 내 인생에는 남들에게 말하지 못할 힘든 일들이 많았다. 하지만 주변 사람들은 내 마음은 알지 못한 채, "○○○씨는 항상 좋은 일만 있나 봐요."라고 말하면서 내 인상이 늘 환하다고 칭찬했다. 나는 속상할 때마다 얼굴을 찡그리기보다는 될 수 있으면 헛웃음이라도 한 번씩 웃고 또 억지로라도 미소 지으려고 노력해 왔다. 이십여 년의 세월이 흘러 예전의 지인들을 만나니 다들 나에게 인상이 달라지고 또 너무 예뻐졌다는 말을 해줬다. 그 말을 들으니 저절로 기분이 좋아졌다.

만남에 있어서 처음 3초가 상대방의 인상을 결정한다고 한다. 호감은 관계의 시작에서 정말 중요하다. 나이가 들어가면서 시들어가는 외적인 모습에 실망하지 말고, 지나간 푸름을 그리워하지도 말고, 현재 가지고 있는 내 모습에서 '3초'의 기적을 만들어 보자. 옛 어른들 말씀에 입던 옷도 깨끗하게 빨아 입으면 그것도 진정한 멋이라고 했다. 그래서 나는 내게 있는 것을 가지고 깨끗하게, 환하게, 또 예쁘게 웃음 짓는 것이 호감의 시작이라고 생각한다.

웃는 얼굴은 나이를 불문하고 또 잘난 사람, 못난 사람도 불문하고 또 국적도 불문하고 그 모습 자체로 모두다 아름다우며, 보는 사람까지 미소 짓게 만든다. 나의 현재 모습은 다년간의 연습을 통하여 발전된 모습이다. 나는 상대방을 볼 때, 늘 제일 예쁘고, 환한 표정으로 웃으며 바라보려고 의식하고 있고, 매일 실천에 옮기려고 노력하고 있다.

우리는 거울을 볼 때 가장 예쁜 표정을 지으려고 한다. 바로 그것이다. 그 표정으로 상대방을 보는 것이다.

그리고 마인드 컨트롤도 중요한 부분이다. 상대방을 바라볼 때마다 상대방도 나에게 호감을 갖고 있다고 생각한다면 저절로 상대방에게 미소가 지어질 것이다.

내일부터 아침에 일어나 거울을 보며 한 번씩 웃어보자. 밝은 표정으로 하루를 시작하면 기분 좋은 아침과 상쾌한 하루를 열게 될 것이다. 희극의 전설 찰리 채플린이 이렇게 말했다. "웃음 없는 하루는 낭비한 하루다."

일부러 만들어 웃는 웃음도 사람들과 자신을 기분 좋게 해준다는 연구 결과가 있다. 만약 지금 당신이 상대방을 보고 웃고 있다면 사람들은 당신을 더 따뜻하게 느낄 것이고, 다가가기 쉬운 호감형의 사람으로 생각할 것이다.

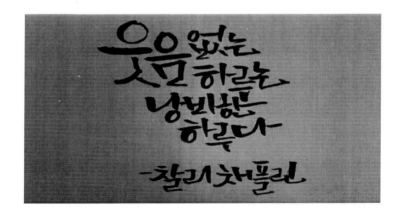

|유병임|

좋은 인상을 가지기 위해 매일 노력하는 여자 자신이 표현힐 수 있는 가장 편안하고 따뜻

한 얼굴로 다른 사람을 대하려고 한다. 그래서인지 요즘은 인상 좋다는 말을 많이 듣는다.

일과 가정을 모두 지키며
행복한 노후를 맞이하는 7가지 지혜

지금 죽어도 괜찮을 열 가지 이유 | 권해정

- 죽음은 새로운 시작이니 괜찮다.
- 딸로, 여자로, 엄마라는 역할에 최선을 다했음에 괜찮다.
- 아들에게 딸에게 내 사랑의 모든 것을 표현하고 전하였으니 괜찮다.
- 일어나지 않았던 많은 일들로 더 이상 걱정하지 않아도 되니 괜찮다.
- 남을 위한 삶을 더 이상 살지 않고 오로지 나만의 휴식이니 괜찮다.
- 돈의 굴레에서 자유를 얻게 되니 괜찮다.
- 육체의 아픔에서 놓임을 받으니 괜찮다.
- 도덕적인 갈등(옳고 그름)으로 나 자신과 싸우지 않아도 되니 괜찮다.
- 사람으로 태어나 사람을 남기고 가니 괜찮다.
- 지금 죽는다는 것을 알고 죽음을 준비할 수 있음을 아니 괜찮다.

죽음이란? 어떻게 받아들여야 하나

대부분의 사람들은 죽음을 피할 수 없지만, 평상시에는 애써 무시하거나 회피하려 한다. 막연한 두려움으로 근심과 걱정 그리고 무서움과 두려움으로 생각 자체를 하고 싶어 하지 않는다. 그건 내 사랑하는 사람들과 더 이상 같은 시간 속에서 같은 추억을 공유할 수 없기 때문이라 생각해서 일 수도 있고, 눈감으면 찾아오는 암흑 같은 곳에 나만 떨어져 있게 된다는 두려움일 수도 있다. 그리고 돌아간다는 곳이 어딘지도 모르기 때문일 것이다. 이렇듯 경험해 보지 못한 죽음 앞에서는 누구나 생리적인 두려움이 밀려온다. 이러한 부정적인 이미지는 죽음을 외면하게 만들고 본인과 가족들에게 마음의 준비 시간을 갖지 못하게 하여 나쁜 죽음을 맞이하게 된다.

반대로 좋은 죽음이란 무엇일까? 일본의 다큐멘터리 '엔딩노트'는 좋은 죽음의 본보기가 될 만하여 소개하고자 한다. 69세 은퇴하기까지 세일즈맨으로 바쁘게 살았던 일본의 평범한 가장, 제2의 인생을 준비하고자 한 어느 날, 암 진단을 받고 얼마 남지 않은 자기의 죽음과 직면하게 된다. 한정된 죽음의 시간을 담담하게 받아들이고 자신의 삶을 정리하면서 슬퍼하기보다는 더욱 성실하고 꼼꼼하게 엔딩 노트를 준비한다는 내용이다. 딸은 아버지의 남은 시간을 촬영으로 기록하면서 '행복한 죽음'이란 '개인의 삶이 개인의 죽음으로 끝나지 않고 여러 형태로 주위에 확산되는 것이다'고 했다. 이는 개인의 죽음이 본인 만의 몫이 아니라 가족을 비롯한 주위의 여러 사람들에게 영향을 끼친다는 것이다. 정해진 시간이 있어 그 시간이 더 간절하고 애틋하여 헛되이 흘러 버리지 않도록 못다 한 사랑을 다 전하고자 노력한다. 그런데도 마지막 부부의 대화에서 "더 많이 사랑했어야 했는데…"처럼 서로에게 전할 사랑이 한없이 부족한 것이 우리의 삶인 것 같다.

우리는 태어날 것을 모르고 이 세상에 태어났다. 태어남을 알고 필요한 것들을 미리 준비하고 나왔다면 삶이 좀 더 나아지지 않았을까? 참 안타까운 일이지만 우리는 모른다. 태어남의 시기도 모르고 죽음의 시기 또한 모른다. 태어났기에 하루하루 열심히 살아가는 것이고 태어났기에 죽음을 향해 열심히 달려가고 있는 것이다. 언제 죽을지는 모르나 내가 죽음을 준비할 수 있는 시간은 항상 있다. 그 시간이 오늘, 바로 지금이다.

'삶은 죽음을 향한 끊임없는 시도'라는 톨스토이의 말로 시작해서 '죽음은 인간이 받을 수 있는 축복 중 최고의 축복이다'로 끝을 맺는 EBS 다큐 프라임 생사탐구 대기획 '데스 (Death)'에서 영국의 '데스 카페(Death Café)'를 소개한다. 이곳에서는 죽음이라는 주제에 대해 거리낌 없이 이야기하는 곳이라 한다. 어른들이 아이들에게 죽음이 인생의 일부라는 사실을 깨우쳐 줘야 한다고 말하고 있다. 동화책이나 동물의 죽음을 대하면서 어린아이들도 죽음을 인지하고 있기 때문에 죽는다는 사실을 정확하게 알려줘야 한다고 전한다.

그럼 어떻게 죽음을 준비할지에 대해 "당신이 맞이하고 싶은 죽음에 대해 생각해 보셨나요?", "좋은 죽음을 맞이하고 싶은가요?", "나쁜 죽음을 맞이하고 싶은가요?"를 이 책에서 묻는다. 우리가 이 물음에 답하기 위해 죽음을 위한 10가지 준비를 해보면서 진정으로 좋은 죽음을 맞이하게 되는지 살펴보자.

죽음 준비를 위한 10가지 - 무엇을 준비해야 하나?

1. 내가 지나온 삶을 정리해 본다. 사진첩으로 내 삶의 발자취를 나열하듯 기록해 보는 것도 남은 생애를 어떻게 살아갈 것인가에 답을 찾을 수 있는 기회가 될 것이다.

2. 소중히 간직했던 손때 묻은 유품들을 정리하여 본다. 아이들에게 물려줄 만한 값어치가 있는 것은 함께 했던 추억과 함께 오래도록 소중히 간직해 달라고 부탁한다. 그리고 버려야 할 물품들은 내 손으로 미리 정리한다.

3. 소중한 인연들의 안부를 물어본다. 마음의 빚이 있다면 사과하고, 고맙다 전하지 못했다면 고마움을 전하여 본다.

4. 비문을 미리 생각해 작성해둔다. 내 인생의 적절한 제목을 한번 생각해 본다. 나는 무엇을 우선으로 어떻게 살아왔는지? 그래서 지금 나에게 남아 있는 것은 무엇인지? 그리고 다시 무엇을 바라는지를 되짚어 본다.

5. 법적 효력이 있는 유서를 미리 써본다. 남은 자녀들의 경제적 다툼을 미리 방지하기 위해 면밀히 살펴보고 검토해 작성하여야 한다.

6. 사전의료의향서를 미리 작성하여 준비해 둔다. 연명의료(심폐 소생술, 항암제 투여, 인공호흡기)로 치료 효과 없이 사망 시기만을 지연하는 의료행위는 아름다운 죽음을 맞이할 시간을 놓치기 쉽다. 그러므로 사전에 미리 작성하여 둔다.

7. 고독사를 예방하기 위해 관할 지자체나 이웃에 안부를 수시로 전한다. 노인 돌봄 종합서비스, 방문요양서비스, 재가서비스 등 국가나 지자체에서 시행하고 있는 정책을 활용한다. 내 이웃이 나의 마지막을 배웅해 줄 고마운 분들이라 생각하고 서로 왕래하며 잘 지낸다. 그리고 자녀에게 소식이 오기만을 기다리지 말고 가끔 먼저 소식을 전한다. 그리고 사랑한다는 말을 전하도록 하자.

8. 서로 보듬어주자. 같은 처지의 이웃에게 힘이 될 수 있는 것이 있는지 찾아보고 도움이 되어 주도록 한다. 서로의 보살핌은 생기 넘치게 하는 삶의 활력소가 될 것이다.

9. 지금 죽어도 괜찮을 10가지 이유를 적어 보자. 죽는다는 것은 부정적인 것만 있는 것은 아님을 알 수 있다. 죽는다는 것이 삶의 연장선으로 나에게 휴식을 안겨다 주는 선물이 될 수도 있다는 생각이 들 것이다. 누구에게나 찾아오는 죽음이다. 먼저 죽는다고 억울할 필요는 없다. 단지 갑작스럽게 죽어 뒤를 정리하지 못함이 억울할 뿐이다.

10. 현재의 나에게 감사와 축복을 하자. 긴 여생 살아오면서 고생한 나에게 잘 살아온 것에 대한 감사와 고마움을 그리고 앞으로 남은 인생에 다시 한 번 힘내서 잘살 수 있다고 축복하자.

웰 다잉(Well Dying) - 준비된 죽음

위의 사례는 10가지 준비 중에서 9번째 '지금 죽어도 괜찮을 이유'를 직접 작성해봤고, 예시로 앞에 언급했다. 이렇게 준비하면서 느낀 점은 죽음이 그렇게 두렵지 않은 내 삶의 일부분으로 준비해야 할 사건임을 알게 되었다. 죽음을 준비한다는 것은 나에게 주어진 시간 안에서 후회 없는 삶을 살고자 최선을 다하는 것임을 알게 되었고 이 과정으로 오히려 마음이 편안해 짐을 느꼈다. 더 열심히 살고자 하는 의욕이 넘쳤다. EBS 다큐프라임 생사탐구 대기획 '데스(Death)'에서 영국에는 '죽음 알림 주간(Dying Matters Awareness Week)'이 있어 매년 5월이면 다양한 죽음 관련 행사가 열린다고 한다. 영국은 '죽음의 질(생애 말기 치료) 순위(The quality of death Ranking end-of-life care across the world)'와 관련된 2010년 조사에서 1위를 차지했다고 한다. 우리나라는 40개국 중 32위였다고 한다. 결과 순위에서도 알 수 있듯이 죽음을 직시하고 죽음을 준비한다는 것은 우리 삶의 질을 높여줌을 알 수 있다.

즉, 웰 다잉이란 우리 삶의 질을 높여주기 위한 장치로써 준비된 죽음, 준비하는 죽음을 뜻한다. 준비되지 않은 상황에서 갑작스럽게 죽는다는 것은 자신과 가족 그리고 주변 사람들에게 크나큰 충격이 아닐 수 없다. 웰 다잉은 죽음의 두려움에서 해방되고 내가 선택한 결정으로 남겨진 자들에게 다음을 준비할 수 있는 시간과 위안을 주기 위함이라 할 수 있다.

웰 다잉의 준비시기는 지금이다

나는 죽음 준비 중 하나인 '지금 죽어도 괜찮을 이유 10가지'를 직접 작성하면서 우울해지는 것이 아니라 오히려 마음이 편안해지면서 더 큰 힘이 생겼고, 살아갈 용기를 얻었다. 신기한 경험이었다. 죽음을 준비해야 하는 시기가 따로 있는 것은 아닌 것 같다. 죽음 준비는 삶의 끝을 위한 준비가 아닌 삶의 또 다른 시작이기에 지금 당장 해본다면 좋겠다. 부모가 태어나기 전에 태교로 나를 맞이하였듯 이제는 먼저 갈 내가 남은 자들을 위해 남긴 자리를 아름답게 정리하도록 하자.

● Tip - 아이에게 죽음에 대해 설명해야 할 때

A: 엄마! 안 죽었지? 어젯밤에 엄마 죽는 꿈 꿨어. 엄마 죽으면 안 돼! 알았지? 진짜 죽지 마!

B: 무서웠구나? 이리 와, 안아줄게.

A: 엄마, 오래오래 살아. 알았지? 꼭!

B: 그러고 싶지만, 사람들은 언제 죽을지 아무도 몰라. 누구나 죽는 거야, 할머니는 지금도 우리와 함께 있지만, 할아버지는 오래전에 돌아가셨잖아.

A: 그래서 할아버지 얼굴도 모르잖아, 안 돌아가셨으면 봤을 텐데.

B: 그래, 그랬다면 더 좋았겠다. 할아버지랑 엄마가 좋은 추억이 있었던 것처럼 너도 할아버지랑 좋은 기억이 있었으면 좋았을 텐데, 그래도 할아버지가 계셨으니까 엄마가 태어났고, 네가 태어난 거잖아. 할아버지는 정말 큰일을 하고 가신 거야. 그래서 엄마도 할아버지처럼 네가 멋진 어른이 될 수 있도록 최선을 다해 키우고 있는 거야.

A: 그래도 오래오래 같이 살고 싶단 말이에요.

B: 그것보다 더 중요한 거는 지금 이 순간 우린 같이 있다는 거고 그래서 죽는다는 걸

    걱정할 이유가 없는 거야, 너에게 죽음이 정해진 시간에 있다면 어떻게 해야겠니?

A: 더 열심히 살아야겠어요.

B: 그래, 정해진 시간에 우리 더욱더 열심히 살고, 많이 많이 사랑하자. 사랑해!

아이에게 죽음을 설명해 줄 때 주의할 점

The Sharing Place(3~18세의 죽음과 큰 슬픔을 경험한 미성년자들을 돕는 비영리 단체)
Mac Tarlane 견해

• 죽음에 대해 설명하기

"죽음은 네 몸이 더 이상 움직이지 않는 거야, 말을 할 수도 없고, 먹을
수도, 숨을 쉴 수도, 생각하거나, 느낄 수도 없는 상태가 계속되는 거야."라
고 알려준다. 주변에서 모기나 화분의 화초가 죽었을 때를 활용해 자연스
럽게 알려준다.

• 정확하게 설명해주되, 굳이 자세하게 설명하지 않기

아이에게 죽음의 의미를 설명해 주는 것과 왜 돌아가셨는지에 대해 이해
를 시켜주면서 깊은 슬픔에 빠져 설명한다든가, 정신적으로 힘든 상태에서
아이에게 설명하는 것은 좋지 않다. 아이들은 처음부터 죽음에 대해 모든

것을 이해하길 원치 않으나 부모는 설명해 줄 준비가 되어 있어 정확하게 알려준다.

- **"좋은 곳에 가신 거야"라는 말은 하지 않는다**

아이에게 좋은 곳이란 여기 내 옆에 있는 것이라 생각한다. 지금 어디에 있다고 설명하는 것보다 고인과 함께했던 행복한 장소와 추억에 대해 떠올릴 수 있도록 한다. 죽음에 대해 아이가 느낀 감정 등을 이야기할 수 있도록 해 준다.

- **비탄의 5단계는 적용되지 않는다**

'부정 → 분노 → 우울 → 대화와 타협 → 인정'으로 나타나는 비탄의 5단계는 아이들에게 적용되지 않는다. 자신이 느끼는 비탄의 감정을 알아채지 못한다. 장례식에 참석한 아이들이 큰소리로 웃거나, 여기저기 뛰어다니는 것을 볼 수 있는데 그건 아이들이 처음 느껴본 감정을 받아들이는 단계라고 이해해야 한다.

- **아이의 감정을 표현하게 하라**

그림은 아이들이 말로 표현할 수 없는 것까지 표현할 수 있고, 소리를 지르거나 구르거나, 인형과 싸워 슬픔을 극복하게 할 수 있도록 표현하게 한다.

| 권해정 |

삶이란 예기치 않은 탄생에서 예기치 않은 죽음에 이르기까지 무수히 많은 사건의 연속이다. 하루, 아니 한시 앞도 모르는 인생살이를 하면서 내일을 계획하고 설계한다는 것은 어리석어 보일 수 있으나, 지금 내가 살아 있음에 내일을 생각할 수 있는 것이라고 믿는다. 지나온 날을 되새겨 내일의 죽음을 준비하는 것은 삶을 아름답게 마무리할 수 있는 일이라 생각한다. 죽음도 삶이지 않은가? 내 인생의 마지막 장! 그러나 내일이 아니라 지금 살아 있음에 감사하며 이 시간을 소중히 살아가고자 고민하는 흔한 사람 중의 한 사람이다.

일과 가정을 모두 지키며
행복한 노후를 맞이하는 7가지 지혜

유언장은 이렇게 | 노원종

　A씨는 현재 58세다. 대표적인 베이비부머 세대로 학업을 마치고 대기업과 중소기업에서 30년간 직장생활을 해 오다 올해 정년퇴직을 했다. 현재는 전직을 위해 준비 중인 상태로 최근에 전직교육을 받으면서 생애 재설계를 위해 자기 자신을 되돌아보던 중 연말을 맞이하여 자신과 가족, 주변 사람들에게 무엇을 선물할까 고민에 빠졌다. 이제까지는 매해 감사의 인사를 조그만 선물과 함께해 왔으나, 실직과 함께 경제적인 여유마저 없어지고, 설상가상으로 근래 들어 친척 및 친지들의 부음 및 치매 소식을 자주 접하게 되면서, 과연 그들에게 행복하고 보람된 일이 뭐가 있을까를 생각하던 중 그간 소홀히 여겨왔던 유언장에 대해서 왜? 언제? 어떻게? 작성해야 하는 지 코칭을 해주는 것으로 마음먹게 되었다.

유언장 왜 작성해야 하는가 - 유언장 작성의 목적

몇해 전 배우 B씨의 죽음을 기억할 것이다. 나이 40세에 자살을 했다. 운동선수와 결혼하여 아이 둘을 낳아 키우며 생활하다 아이의 친권을 포기한 남편과 이혼하여 친정엄마와 아이를 키우던 중이었다. 당시 유언장이 발견되지 않아 B씨의 재산은 B씨의 의도와 상관없이 미성년자인 자녀들에게 상속되지 못하고, 그들의 친권자인 이혼한 전 남편에게 관리권이 넘어가게 되어 주위에 안타까운 결과를 초래한 일이 있었다. A씨의 경우도 군 생활 중이던 25세에 59세인 부친이 늑막염으로 입원하여 치료 중 4일 만에 갑자기 쇼크로 돌아가시고, 83세인 사돈어른은 치매로 3년째 요양병원에 입원 중이며, 특히 본인도 직장생활 중이던 36세에 교통사고로 중상을 입고, 죽을 고비를 넘겨 1년여를 치료한 일도 있었으며, 그의 직장 동료 C씨는 38세에 위암으로 투병 중 몇 개월 만에 사망한 일도 있었다.

이렇듯 우리 주변에는 수많은 사람들이 자기의 의지와 관계없이 고통과 불행을 겪으면서, 주변 사람들에게 많은 갈등을 야기한다.

유언장은 법적으로는 상속 갈등 방지를 목적으로 하고 있다. 그러나 이 외에도 자존감 향상 및 삶의 질 향상을 위해 더욱 필요하다고 생각된다.

당신은 인생을 살아가면서 버킷리스트를 작성해본 적이 있는가? 죽음을 입 밖으로 꺼내는 것이 금기시되어 있는 것이 우리 사회의 현실이지만, 오히려 죽음을 늘 염두에 두면서 사는 것이 현재의 삶을 더욱 풍요롭게 사는 데에 오히려 더 도움이 되지 않을까? 다시 말해서 유언장을 쓰는 것이 주변인들에게도 좋지만, 결국 자기 자신에게 가장 좋은 일이지 않겠는가?

죽음은 누구도 피할 수 없는 우리 삶의 일부분이고, 또한 권리로 인정되고 있다. 이제 죽음은 매우 실용적이고, 현실적인 삶의 조건으로 유언장 작성을 통해 자존감을 향상시켜 자신의 죽음을 아름답게 맞이할 수 있도록 하는 연습이 필요하다 하겠다. 또한 죽음에 대한 준비가 어떻게 삶을 마무리하고, 정리할 것인가를 결정하는 것이 아니고, 앞으로의 삶을 더욱 알차게 계획하고, 실천할 수 있는 방법을 깨우치는 과정으로 남아 있는 삶의 질을 향상시키는 계기가 되도록 해야 하겠다.

상속, 상속의 방법 및 순위

상속이란 사람의 사망으로 인한 재산상 법률관계의 포괄적 승계를 의미한다.

상속에는 상속인, 상속순위, 상속분 등 모두를 법률에 의하여 정하는 법정상속과, 유언으로 상속 재산의 자유로운 처분을 인정하는 유언상속이 있다. 우리나라의 상속법은 피상속인의 유언으로 상속재산의 귀속을 인정하는 유언상속을 인정한다. 그리고 유언이 없을 시 법정상속이 개시된다.

법정상속인은 민법상 4촌 이내의 방계혈족이 될 수 있으며, 그 순서는 피상속인을 기준으로 1순위 직계비속, 2순위 직계존속, 3순위 형제자매, 4순위 4촌 이내의 방계혈족이 된다. 배우자는 1순위와 2순위의 상속인이 있는 경우에는 그 상속인과 동 순위로 상속인이 되며, 1, 2순위 상속인이 없는 경우에는 단독 상속인이 된다.

유인장 어떻게 작성해야 하는가 - 유언의 효력

　유언은 존재 여부의 명확화와 위·변조 방지의 목적으로 일정한 방식을 갖추어야만 그 효력을 인정하며, 유언은 언제든지 철회할 수 있으며, 고인이 유언을 여러 번 남겼을 때는 제일 마지막 유언이 유효한 것으로 본다.

· 유언의 방식

　법에서 인정하는 유언의 방식에는 5가지가 있다.

· 자필증서에 의한 유언은 직접 글로 써서 남기는 방식으로 유언내용과 날짜, 주소, 성명을 기재하고 날인을 해야 한다. 이중 한가지라도 빠지면 무효가 되며, 컴퓨터나 타자기 등을 이용하여 작성한 것은 효력이 없으며, 내용을 고칠 시 자서 후 날인 해야 한다.

· 녹음에 의한 유언은 녹음기를 이용하는 방식으로 유언의 이름, 취지, 날짜를 말로 설명하고 참여한 증인이 유언의 정확함과 그 성명을 구술해야 한다.

· 공정증서에 의한 유언은 유언자가 증인 2명과 함께 공증인 앞에서 유언취지를 구수하고 공증인이 이를 정리하여 기록하는 방식으로 유인자와 증인이 그 정확함을 승인한 후 각자 서명 또는 기명 날인해야 한다.

· 비밀증서에 의한 유언은 유언이 있다는 사실을 알리되, 내용은 비밀로 할 때 사용하는 방식으로 유언자의 성명을 기입한 증서를 봉인, 날인하고 이를 2인 이상의 증인에게 제출하여 본인의 유언임을 표시한 후 그 봉서 표면에 날짜를 적고 유언자와 증인들이 각자 서명, 또는 기명날인해야 한다. 유언 봉서는 그 표면에 기재된 날로부터 5일 이내에 공증인에게 확정일자 인을 받아야 한다.

· 구수증서에 의한 유언은 질병, 기타 급박한 사유로 위 4가지 방식을 할 수 없는 경우에 증인이 유언자의 말을 받아쓰는 방식으로 유언자가 2명 이상의 증인이 보는 가운데 유언취지를 정하고 이를 받아 적은 후 유언자와 증인이 그 정확함을 확인 후 서명 또는 날인해야 한다.

이중 증인이 필요 없고 수정이 손쉬운 자필증서에 의한 방식을 권장한다.

· 유언의 내용

유언의 내용은 원칙적으로 제한이 없으나 법적 의미가 있는 것은 신분관계에 관한 사항(친생부인, 인지, 후견인 지정, 친족회 회원의 지정), 상속 재산 분할방법의 지정 또는 위탁, 상속 재산 분할 금지사항(5년간만 인정), 유언 집행자의 지정 또는 위탁, 유언 내용에 그 효력 발생의 조건이나 기한, 기타 재산에 관한 사항(유언에 의한 재단법인의 설립, 유증, 신탁의 설정) 등이고 기타 법적인 의미는 없지만, 후손이나 배우자에게 당부하거나, 특별히 남기고 싶은 말 등을 하면 된다.

유언장 언제 작성해야 하는가

유언장이 법적으로는 상속 갈등 방지를 목적으로 하고 있지만, 정신적으로는 자존감 및 삶의 질 향상을 목적으로 한다고 했는데, 앞의 사례에서 A씨와 B씨, C씨 모두에게 큰일이 벌어진 것은 20대부터 80대까지 다양하게 나타난다. A씨의 경우 59세이던 부친이 갑자기 돌아가시면서 유언장이 없어 부친의 생전의 채권, 채무관계 및 장례 방식 등 고인의 뜻을 가늠할 길이 없어 상당히 당황한 적이 있었다. 현재도 83세인 사돈어른의 갑작스러운 치매로 자손들이 고통을 겪고 있는 것을 보고 있으며, B씨의 경우도 유언장이 있었으면 후견인을 별도로 지정하여 재산을 자녀에게 상속될 수 있도록 조치했을 수도 있지 않았을까 생각된다. C씨의 경우도 조직원 및 주변인과의 관계가 제대로 마무리됐는지 알 길이 없다. 항상 미리 준비를 하면 이런 갈등과 고충을 예방하는 데 도움이 되지 않을까 생각된다. 그래서 유언장은 재산승계도 중요하지만, 비록 법적인 보호를 받지 못하는 부분 또한 인생의 또 다른 목표인 자존감 및 삶의 질 향상 차원에서 매해 연말에 한 번쯤은 작성해 보는 것도 중요하다 생각한다. 1년에 한 번씩 유언장을 작성하여 가족에게 나의 삶의 목표를 정하여 이를 함께 공유하고 실천할 수 있는 계기가 되었으면 한다.

• 사전 의료 의향서

사전 의료 의향서란 환자가 무의미한 생명 여장 및 연명치료에 긴헤 자신의 의사를 서면으로 미리 표시하는 문서로, 우리는 이 서류를 통해 죽음에 대한 내 생각을 미리 밝힘으로써 인간으로서의 존엄한 생을 아름답게 마무리할 수 있도록 해도 좋을 것이다. 우리는 삶의 말기에 접어들면 더 이상 건강을 되찾지 못하는 상태에서 부질없이 생명을 연장하는 것이 본인이나 가족, 사회 등 누구에게도 좋을 것이 없을 것이다. 이 사전 의료 의향서에는 대체로 심폐소생술, 인공호흡, 인공투석, 인공영양 공급, 진통제 사용 등의 실시 여부에 답하는 것으로 되어 있는데 진통제 사용 정도만 동의하면 될 것이다.

• 장기 기증 서약서

장기 기증은 건강한 삶을 살다가 이 세상을 떠날 때 나에게 더 이상 필요 없는 장기를 기증하거나, 살아 있을 때 사랑하는 가족이나 말기 장기 부전 환우에게 소중한 장기를 대가 없이 기증하여 생명을 살리는 아름다운 일로 사후 각막 기증, 뇌사 시 장기 기증, 생존 시 신장 기증 등을 할 수 있다.

● Tip

사전 의료 의향서 실천 모임: 02-2281-2670

사랑의 장기 기증 운동 본부: 1588-1589

유 언 장

  나 김삿갓이 죽으면 다음과 같이 처리해주기 바란다.

  내가 죽더라도 너무 슬퍼하지 말고, 평소 각자 생활하던 대로 스스로 하기로 했던 일들 잘 추진하길 바란다. 가정사는 처(○○○)를 중심으로, 종친회는 동생(○○○)을 중심으로 협의하여 처리해라.

  내가 하던 사업 관련 일은 친구(○○○)에게 맡긴다.

  나의 재산 중에 20억 원은 처(○○○)와 자식(○○○, ○○○)들에게 법정 상속분대로 나누어주되, 아들(○○○)에게만 2억 원을 더 주고 땅도 모두 준다. 그러나 2년간 팔지 않아야만 가질 수 있는 조건이다. 나머지는 A대학에 전액 기부한다.

  나의 장례식은 간소하게 하며, 시신은 화장해서 납골당에 안치하길 바란다. 그리고 만일의 경우 나의 의식이 없을 시 무의미한 생명 연장을 위한 치료는 하지 말 것이며, 또한 사용 가능한 장기 등은 필요한 사람에게 모두 기증하도록 한다.

  나의 유언 집행자는 처남(○○○)으로 지정한다.

20○○년 ○○월 ○○일

서울시 강서구 양천로 100길 200

김 삿 갓 (인)

|노원종|

이미 지나간 날은 필요 없다고 생각한다. 마지막 날까지 몸과 마음을 바쳐 열심히 살려고 한다. 내일 지구의 종말이 온다고 해도 오늘 한 그루의 사과나무를 심겠다는 지금이 가장 행복한 사람이다.